完本 中村吉右衛門

祥子

朝日新聞出版

「弁慶という人物が好きなんです。主人（源義経）に対する愛情に心惹かれます」
（第二章 当たり役を語る）
撮影・稲越功一

二〇二二年、歌舞伎座で「秀山祭九月大歌舞伎」が「二世中村吉右衛門一周忌追善」として催された。一階のロビーには祭壇が設けられ、吉右衛門の写真の前には青磁の細首の花入れと香炉が置かれた。(第三章 天命としての秀山祭)

撮影・鍋島徳恭

完本 中村吉右衛門　目次

はじめに　15

第一章　最後の舞台

「絶景かな、絶景かな」　18
辛さのなか「未来で」　20
心で演じることを　23
あと一日という思い　26
星座の模様のセーター　29
「自分の誕生日にいなくなっちゃいました」　31
幻の舞台「新薄雪物語」　34
初代の当たり役伊賀守　36
笑いで涙を誘わなければ　38
率直に語った歌舞伎愛　40
一日で書き上げた「須磨浦」　43

象徴性を極めた三十分 44
全国放送された配信 46
最後の秀山ゆかりの狂言 49
「引窓」は台詞劇 51
「僕は悲劇役者ですが」 53
播磨屋としての清正物 55
復活上演への熱意 57
生き続ける吉右衛門 60

第二章 当たり役を語る

「平家女護島 俊寛」 64
出てきた瞬間が勝負です 64
僧ではあるが心は政治家 66

夢がなくなり仏心が生じる 68
弘誓の船が見えた 70

「一谷嫩軍記 熊谷陣屋」 73
一瞬だけの親子の感情 73
歌い過ぎてはいけない 76
花道の出で感じさせる無常 78
人物も情景も見える物語 81
絵になる制札の見得 83
虚実皮膜の悲劇 86

「一條大蔵譚」 90
ハムレットのような心境 90
愚かさを装う「物語」 92
自分を振り返る余裕が生まれて 93

「籠釣瓶花街酔醒」 63
歌右衛門直伝の「見染め」 96
初代から伝わる「縁切り」 99
がらりと変わる刹那 101
「梶原平三誉石切」 103
人物の大きさを示す播磨屋型 103
「勧進帳」 106
主人公であるが家来 106
人間力が必要な役 108
息を止めての「六法」 111

「仮名手本忠臣蔵」 112
「由良之助役者」を生む名作 112
初代白鸚の教えで初の由良之助役 114
共感を呼ぶための役者の技量 116
判官も、師直も、若狭之助も 119
由良之助の本心を見せる一瞬 121
播磨屋型の平右衛門、音羽屋型の勘平 124

「菅原伝授手習鑑 寺子屋」 126
菅丞相主役の悲劇 126
三者三様の三兄弟 128
「別れ」がテーマの芝居 130
「せまじきものは宮仕え」の切なさ 132
首実検への緊張感 134
時代の変化に伴う見現し 137

「義経千本桜　渡海屋・大物浦」　140
見事な虚構の後日談　140
役者が狐に見える技　143
知盛は滅びの美学　145
最後のケレンを美しく　147
泣かせる「モドリ」　151

第三章　天命としての秀山祭

「秀山祭」誕生　156
「秀山十種」を次々と　158
初代継承の使命　160
「初代はこんなんじゃなかったわよ」　162
芸を教えることとは　164

新橋演舞場での秀山祭 166
秀山祭歌舞伎座に帰る 169
大時代に演じる見せ場 171
初役での有常の雅 174
秀山祭での吉之丞襲名 176
天命であり天職 180

第四章 その生涯

宿命の赤ん坊 184
初代中村萬之助 186
初代から受け継ぐ「子別れ」 188
戦いの始まり 190
初代の夢と白鸚の試み 192
「木の芽会」の挑戦と松竹離脱 195

吉右衛門襲名 196
松竹復帰と結婚 198
播磨屋系と音羽屋系 201
実父白鸚の死 202
筆名松貫四の始まり 205
「鬼平犯科帳」で母親孝行 207
「歌舞伎座さよなら公演」と播磨屋の躍進 210
人間国宝の奮迅 211
孫に引かれて「團菊祭」 214
「役者が揃った」 217
好きな役は三つ 221
「初代はうれしかったのではないか」 222
無口で生真面目な素顔 224
厳しくも優しい魂 227
圧倒的な心の描写 230

第五章　名優の心

本を読んでも映画を見ても　236
心がどこにあるのか　239
弁慶、等伯、テゼー　242
使命を果たし遺した財産　245

中村吉右衛門　年譜　249

あとがき　307

カバー写真　稲越功一
ブックデザイン　鈴木成一デザイン室

完本　中村吉右衛門

はじめに

明治以降の東京の劇界を最も強く牽引《けんいん》した俳優は、九代市川團十郎（一八三八～一九〇三）と五代尾上菊五郎（一八四四～一九〇三）であった。

時代物を得意とし、英雄・豪傑や「歌舞伎十八番」に代表される荒事《あらごと》に多くの当たり役を持つ九代團十郎と、河竹黙阿弥《もくあみ》作品の「白浪五人男《しらなみごにんおとこ》」の弁天小僧菊之助や「髪《かみ》結新三《ゆいしんざ》」の新三を初演し、「仮名手本忠臣蔵《かなでほんちゅうしんぐら》」の早野勘平《はやのかんぺい》などの世話物を得意とした五代菊五郎。二人は「團菊《だんきく》」と並び称された。團菊の没した翌年には、二人と並んで「團菊左《だんきくさ》」とも呼ばれた初代市川左團次が亡くなっている。明治歌舞伎のひとつの転換点であった。

その子供の世代から、やがて二人の立役が頭角を現す。五代菊五郎の子で父譲りの世話物を得手としたのはもちろんのこと、九代團十郎に師事し、舞踊の名手でもあった六代菊五郎（一八八五～一九四九）と、九代團十郎に私淑《ししゅく》し、卓越した台詞術で時代物と世話物の両方をわがものとし、一代で自身の名を大名跡にまでした初代中村吉右衛門（一八八六〜一九五四）である。二人は「菊吉《きくきち》」と呼ばれて若き日から切磋琢磨し、観客の熱狂的な支持を集めた。

初代吉右衛門は三代中村歌六の長男に生まれた。『吉右衛門自伝』によれば、幼少時代は「役者が嫌い」で、絵師になるのを望んだ。「役者になれ」と言われると大声で泣き出し、家で芝居ごっこなど一度もしたことはないという。娘婿の八代松本幸四郎（初代松本白鸚）が幼少期は役者嫌いで「医師か絵師」になりたいとあったのも、不思議な因縁だと記している。本書の主役である二代吉右衛門もまた美術を愛したことを思うと、「因縁」は三代にわたっているようにも感じられる。

初代の芸を受け継ぎ、さらには、九代團十郎の芸までさかのぼって探求し、昇華、発展させようとしたのが二代吉右衛門である。

「二代目」として何を考え、どのような高みを目指していたかを本書では、自身の言葉と間近で接した者たちの証言から探りたい。

第一章　最後の舞台

「絶景かな、絶景かな」

歌舞伎俳優、中村吉右衛門が舞台終演後に倒れたのは二〇二一年三月二十八日の夜であった。新型コロナウイルスの感染拡大で、現代歌舞伎の総本山ともいうべき東京・歌舞伎座の公演は二〇二〇年三月から、同年八月の「花形歌舞伎」での再開まで中止を余儀なくされた。再開後の同座は感染防止対策の必要上、俳優やスタッフの人数を極力抑えて当初は四部制、のちに三部制を取るようになっていた。

その月の吉右衛門は、同座「三月大歌舞伎」第三部（午後六時半開演）の序幕「楼《さん》門《もん》五《ご》三桐《さんのきり》」で、主役の石川五右衛門《ごえもん》を演じていた。大盗賊・五右衛門が実は明国《みんこく》の高官・宋蘇卿《そうそけい》の遺児で、武智《たけち》（明智）光秀の養育を受けたという設定に基づく義太夫物の長編「金門五三桐《きんもんごさんのきり》」を歌舞伎化した中で、ここだけを取り出して上演されることの多い人気場面である。五右衛門役は養父である初代吉右衛門（一八八六～一九五四）以来の当たり役であった。

お尋ね者の五右衛門は隠れ潜んでいる京都・南禅寺の楼門の上で悠々と満開の桜を愛でている。鐘が鳴って桜の花がはらはらと散り、五右衛門は、

「絶景かな、絶景かな。春の眺めは価千金《あたいせんきん》とは、や、小せえ、小せえ。この五右衛門には価万両《あたいまんりょう》、最早日も西に傾き、誠に春の夕暮に、花の盛りも又ひとしお、上の桜もまたひとしお、はて、うららかな眺めじゃなあ」

とゆったりと口にする。歌舞伎好きには、おなじみの名台詞だ。

そこへ飛来した一羽の鷹がくわえていたのが宋蘇卿の遺言を記した書状。手に取って読んだ五右衛門は自身の出自を知り、宋蘇卿と光秀の共通の仇《かたき》である久吉《ひさよし》への恨みを晴らすことを決意する。

五右衛門は楼門の下に現れた巡礼姿に身をやつした真柴久吉（豊臣秀吉）に声を掛けられる。その正体を察した五右衛門が投げつけた手裏剣《しゅりけん》を久吉は柄杓《ひしゃく》で受け止める。

楼門の上と下で、天下を狙う大悪党らしい舞台ぶりの大きさを必要とする五右衛門と典型的な二枚目の久吉が対比をなす。目にも鮮やかな場面である。

「美しく本当に歌舞伎らしい一幕です。五右衛門は世の中から外れた人ではありますが、単なる盗人ではない。久吉と同等の影響力のある人物です。『絶景かな』の名台詞は作者が五右衛門の気持ちになって書いたのではないでしょうか。隠れ潜んでいながらも、五右衛門には景色を楽しむ余裕がある。こういう芝居に触れるとコロナ禍にあっても余裕を持って生きなければならないと思えてきます」と、吉右衛門は五右衛門を演じるにあたっての心構えを前月の二月に電話で語ってくれた。それが吉右衛門と私が言葉を交わした最後となった。

さらに吉右衛門は、以前に京都の南禅寺の楼門にあがった時の思い出に触れた。

「声を出したら変に思われそうなので、舞台を想像し、景色を見ながら、心の中で『絶景かな、絶景かな』とつぶやきました。燃えやすい木の文化の日本で、よくぞ皆さんがあの楼門を残してくださった。建物は有形ですが、無形の歌舞伎も同じように後世に残すべきものだと考えます。先人が努力なさって残したものを、僕は受け継ぎ、倅《せがれ》、孫に伝えられたらと思っています」

「楼門五三桐」から歌舞伎の未来にまで話が広がるのが吉右衛門らしい。言うまでもないが、倅とは四女瓔子《ようこ》の夫、五代尾上菊之助、孫とはその子の尾上丑之助《うしのすけ》を指す。菊之助を倅と呼ぶ時、吉右衛門はいつもうれし気な表情を浮かべた。声を聞くだけで、その笑みをたたえた顔が想像できた。

辛さのなか「未来で」

体調は決して万全とは言えなかったが、舞台姿はいつものように大きく堂々とし、台詞の切れも良かった。私はその月の五右衛門を初日近くと中日頃に二度見る機会を得たが、再見した時の方が、声がよく出ていると感じた。のちに知ったことだが、それには理由があった。客席に届かないことを恐れ、声の出し方を工夫していたのである。その月の舞台で黒衣姿の後見で、師の世話をしていた弟子の中村吉二郎は証言する。

「いつもとは違うところから声を出されていました。体調を知らない方には、『旦那(吉右衛門)、元気になってきたね』と言われたぐらいです」

その一年以上前。新型コロナウイルスが猛威を振るい始めた頃、吉右衛門は前立腺がんと診断されて手術を受けた。予後の放射線治療が体に合わなかったらしく、しばらくは体調不良に苦しんだ。

「それで体力をすべて失ってしまいました。『俊寛《しゅんかん》(「平家女護島《へいけにょごのしま》」二〇二〇年十一月国立劇場)』を演じた時が、一番辛かったのではないでしょうか」と妻の知佐は振り返る。だが、それを口に出さずに吉右衛門は舞台に立ち続けた。

「平家女護島」では、平家全盛の世に平清盛に対して謀反を企んだとされる「鹿ケ谷《ししがたに》の陰謀」が露見し、島流しにされた僧・俊寛と清盛の二役を演じた。最も人気のある場面が「俊寛」で、ただひとり、鬼界ケ島《きかいがしま》に残った俊寛が仲間の乗った都からの赦免《しゃめん》船《せん》が遠ざかるのを岩組の上で見送って幕切れとなる。

菊之助は赦免船で鬼界ケ島を訪れた役人、丹左衛門《たんさえもん》を演じていた。

「どんなに体の具合が悪くても岳父は稽古の時から全力でお勤めになるので、共演者の（五代中村）歌六、（三代中村）又五郎のお兄さんを始め、周りが本当に心配するような日が続きました。幕が閉まると、岩の上で固まったようになられるんです。しばらく動けず、ひとりで楽屋にも帰ってこられないくらいでした」

俊寛は赦免船に乗り込んだ流人仲間の丹波少将成経《たんばのしょうしょうなりつね》、平判官康頼《へいはんがんやすより》と千鳥《ちどり》に向かい、来世での再会を願う意味で、「未来で」と口にする。

「『未来で』という台詞を聞き、岩の上で固まってしまう俊寛を見せていただき、岳父のような高い芸域を目指すには、先輩方からいただいたお教えを守り、全力で舞台に出し、お客様の心に訴えていくことしかないんだと感じて身が引き締まる思いでした」と菊之助は続けた。

その翌々月の二〇二一年一月は歌舞伎座の「壽初春大歌舞伎」第二部で「仮名手本《かなでほん》

忠臣蔵《ちゅうしんぐら》七段目　祇園一力茶屋《ぎおんいちりきちゃや》」の大星由良之助《おおぼしゆらのすけ》を勤めていたが、初日の同月二日から同十六日まで出演した後、体調が悪化して途中で休演することになった。それでも同二十五日から復帰し、同二十七日の千穐楽まで勤めた。休演期間は中村梅玉が由良之助、三代又五郎が平右衛門を代わった。

「相当足腰が弱られていました。半ば過ぎぐらいから、もう立てないくらいでした」

と、弟子の中村吉二郎は証言する。

その場面の浄瑠璃を語っていたのは吉右衛門の信頼が厚く、指名されることの多かった竹本葵太夫《あおいだゆう》。結果的にはそれが吉右衛門の出演舞台を担当する最後となった。

「お体が悪い中を頑張っていらっしゃいました。もっと楽な演出にされてもいいのに、と思いましたが、そういうことは決してなさらない方でした」

心で演じることを

だがその後、吉右衛門は最悪の状態から回復した。「楼門五三桐」と同じ月の国立劇場三月公演「時今也桔梗旗揚《ときはいまききょうのはたあげ》」では監修を担当した。明智光秀の織田信長への謀反をモデルにした四世鶴屋南北作品で、武智（明智）光秀は初役の菊之助が勤めた。

「饗応《きょうおう》」「本能寺馬盥《ばだらい》」「愛宕山連歌」の三場の上演であった。光秀は初代から受け継いだ吉右衛門の当たり役である。

二月に国立劇場の稽古場で吉右衛門は出演者の指導にあたった。その時は前月とは見違えるように元気だったという。

「声の出どころが変わっているのではないかと思うぐらいでした」とそば近くにいた弟子の中村吉三郎は話す。

「稽古場にいた方たちは主人の具合が悪いとは気付かなかったと思います。自分でも元気が出るのにびっくりしていたほどで、『アドレナリンが出るんだ』と言っていました」と知佐も同意する。

菊之助に当時の様子を尋ねた。

「国立劇場の稽古場で、岳父が持ってきてくださった初代さんの書き抜き（その俳優の台詞だけを書きぬいた冊子）を現行台本と照らし合わせながらの、台本作りから始まりました。それから台詞をおっしゃってくださり、私が真似をし、終わると『じゃあ立ってみよう』ということで、横に立って実際に動きを見せていただくというお稽古でした」

歌舞伎は元の脚本通りに上演されることは少ない。各俳優が工夫を重ね、演技法はもちろん台詞や場割りも変わっていることが多い。取り分けて優れた演技法は後世に伝えられ、それが型ともなる。

吉右衛門の体調の悪さを菊之助はよく知っていた。

「お稽古をしていただくのも難しいのではと思っていました。ですが岳父は、初代さんが大事にしていたことを念入りに教えてくださいました」

「饗応」で光秀は小田春永（織田信長）の怒りを買い、春永の命を受けた森蘭丸《らんまる》に鉄扇で眉間を傷つけられる。春永の家来たちのとりなしもあって、光秀が京都の本能寺を宿舎とした春永に呼び出されるのが次の場面の「馬盥」だ。

「蟄居《ちっきょ》させられていた人間の苦しみを登場前の揚幕の中での、『はぁ』という声ひとつでお客様に理解していただかなければならないと言われました」と菊之助は語る。

光秀は揚幕から出ると、花道の七三（揚幕から七分、舞台から三分の位置）で平伏する。春永は「珍しや光秀」と舞台から声をかける。

「七三での一声を特に念入りにお稽古をしていただきました。『魚《うお》の水を失い、鳥のねぐらを焼かれしごとく』という台詞に光秀の心情が表れているとおっしゃいました。

主君に会えずにいた苦悩や複雑な思いを込めての台詞です。役柄や心が表れる台詞まわしでないと、ただの物まねになってしまう。その音《おん》使いと同時に、心で演じることを教えていただきました」

自身の芸の向上と共に、伝統歌舞伎の継承を目標としてきた吉右衛門の晩年に大きな輝きを与えたのが菊之助とその子である丑之助の存在であった。その菊之助への指導が体の奥の力を呼び覚ましたのかもしれない。

あと一日という思い

病院での検査結果も体調の回復を伝えていた。三月には指導方針に信頼の置けるリハビリ施設も見つかり、先の舞台を見越しての体力作りに取り組もうとしていた。また、楽しみな大きな目標もできていた。自身の佐々木盛綱で丑之助が小四郎を演じる「盛綱陣屋《もりつなじんや》」を九月の歌舞伎座で上演することが決まったのだ。

徳川方と豊臣方が戦った「大坂夏の陣」を、舞台を鎌倉時代に置き換えて脚色を加えた「近江源氏先陣館《おうみげんじせんじんやかた》」の一段で、小四郎は吉右衛門も幼き日に初代の盛綱で勤めた役である。盛綱は徳川方の真田信之（信幸）、弟の高綱は豊臣方の真田信繁（幸村）

という敵味方に分かれた真田家の兄弟を想定している。小四郎は高綱の子で、父の計略を全うさせるために自害するという子役の大役だ。

吉右衛門は丑之助の初舞台以前から、いつか彼の小四郎で盛綱をと切望していた。その願いがいよいよ叶うことになったのだ。

俳優の家により、多くの場合役の台詞は微妙に異なる。吉右衛門は小四郎の台詞を抜き出して記した「書き抜き」を丑之助のために作成することにした。適した和紙を知佐に買ってきてもらい、墨も用意した。準備は整い、四月に入ったら作業を開始する予定であった。

「楼門五三桐」の上演開始は午後六時半。楽屋入りもゆっくりで、時には夫婦で食事をする余裕もあった。

それでも万一のことがあってはいけないからと、万全の態勢が取られていた。自宅から劇場までは妻の知佐が同乗するタクシーで通勤し、楽屋入りすると弟子の吉兵衛と吉二郎が両脇を支えた。一月に体調を崩すまでは、たとえ具合が悪くとも、吉右衛門は人目をはばかってひとりで歩いていた。

「以前は、ちょっとでも手を貸そうとすると、『そんなのいらねえ』と怒られるので、なかなか手が出せませんでした」と知佐。

吉右衛門が生涯を通じ、その芸を目標とした母方の祖父で、養父となった初代吉右衛門が晩年に体調を崩して楽屋で寝ていると、心ない陰口をたたかれることがあった。それを知っているので、自分は決して楽屋では横にならないと吉右衛門は語っていた。他人の助けを借りずに歩くのも、その気概の表れであったのだろう。

歌舞伎座の裏には俳優が舞台に出るまでの支度をする楽屋がある。楽屋口には、楽屋を取り仕切る頭取部屋があり、その前に着到板《ちゃくとう》が置かれている。俳優は楽屋入りの際に、棒を差して自身の到着を知らせるのだが、コロナ禍で二〇二二年八月まで中止されていた。吉右衛門は、頭取部屋の神棚に手を合わせて楽屋入りした。

千穐楽（三月二十九日）の前日であった。あと一日、という思いがあったのだろう。午後六時四十五分に「楼門五三桐」が終わり、五右衛門の重い衣裳のまま楽屋に引き上げる途中も、吉右衛門は「終わった」「なんとかやりきった」と独り言のように繰り返し口にした。

着替えを済ませて楽屋を出る際、吉右衛門は両脇を支える吉兵衛と吉二郎に向かい「本当に良かった。おかげで楽（千穐楽）を迎えられるよ、ありがとう」と礼を述べた。それはかつてないことであったと二人は口を揃える。

吉右衛門は歌舞伎座を後にし、出迎えた知佐とタクシーに乗り込み、夕食を取るために都内のホテルに向かった。十六歳で免許を取得した吉右衛門は運転を好んだ。前年十一月の国立劇場での「平家女護島」公演までは自身の運転で劇場にも出勤していたが、体力が落ちたので、年が明けてからはタクシー移動がもっぱらになっていた。

星座の模様のセーター

「今にして思えば」と前置きしながら知佐は当日のことを話してくれた。出勤前の吉右衛門は自宅での知佐との会話がいつにも増して弾み、「知佐の言い分はまるで子供のようだな。時々、気にさわる時があるよ」との言葉がこぼれた。

「腹が立つような言い方ではありませんでしたが、ずっとそう思っていたのかなと考えました」と知佐は話す。長く連れ添った妻に対してのちょっとした言葉遊びであったかもしれない。

雨模様であったが、知佐はお気に入りの蝶の柄の着物を選んだ。揚羽蝶は吉右衛門家の紋である。吉右衛門は外出にあたり、紺地に星座の模様のついたセーターを着てきた。知佐がそのセーターを好んでいることを知る夫が、わざわざ選んでくれたことが、自身の着物の選択と相まって、知佐にはうれしかった。

ホテルの料理店での吉右衛門は比較的元気で、上機嫌であったと知佐は振り返る。翌日の舞台で三月公演を無事に終えられる。そんな喜びもあったに違いない。四月は休み月なので、夫婦で近郊の温泉地に行くことを計画していた。早く行きたいと二人は語り合った。

鮨のカウンターで吉右衛門は食欲を示し、大丈夫かと問いかける知佐に、「食べたいから」と応じ、その頃、ことに好むようになっていたウニの軍艦巻を最後に注文した。満足げな表情で店を後にすると、知佐より一足先にひとりでエレベーターに乗り込み、エントランスのある上階に上がった。だが、清算を終えた知佐が同じ階に階段で上がった時に目に入ったのは、手すりにもたれかかるようにして苦しんでいる夫の姿であった。

知佐の呼びかけに吉右衛門はかろうじて応じたが、「何と言ったのか、思い出そうとしても思い出せません。その時はまだ、帰宅して休めば、翌日の千穐楽には出られるのではと軽く考えていました」。

吉右衛門の体調が良くなりつつあると感じていた知佐にとっては受け入れがたい急変であった。

居合わせた客が異変に気付いてスタッフに声をかけてくれた。ホテルの対応は迅速で、救急車が呼ばれた。車内で長い雨傘が邪魔になると咄嗟《とっさ》に考えた知佐はホテルのスタッフに「預かってね」と渡した。それからのことはあまり覚えていないという。吉右衛門は救急車で病院に運ばれた。

「緊急処置を施すため、救急車の中で星座の模様のセーターは切られてしまいました」と知佐。

マスコミに「吉右衛門倒れる」の報が流れたのは翌日の昼頃であった。以後、十一月二十八日午後六時四十三分に都内の病院で息を引き取るまで、吉右衛門が再び舞台に立つことはなかった。

「自分の誕生日にいなくなっちゃいました」

倒れる前々日の三月二十六日には丑之助が「楼門五三桐」を見に来た。吉右衛門がこよなく愛し、「目の中に入れても痛くないですね」と何の衒《てら》いもなく口にしていた孫である。

一緒に舞台を見ようかと知佐は水を向けたが、丑之助は「ひとりで見たい」と答え、一階の後方の座席で祖父の演技を注視した。すでに俳優としての矜持を持っているのだなと、知佐は孫の成長を頼もしく感じた。

帰宅時のタクシーには菊之助邸に送り届けるため、吉右衛門夫婦に加えて丑之助も乗ることになっていた。駐車場で丑之助は知佐に「手紙を見た五右衛門はなんでむっとしたの?」と尋ねた。知佐は「じいたん(吉右衛門)に直接聞いてみなさい」とすすめた。

タクシーの後部座席で吉右衛門と知佐に挟まれた丑之助の質問に、吉右衛門は丁寧に答えた。自分の声が歌舞伎座一階の後方にいた幼い孫にもはっきりと、また内容も理解できるように聞こえたことを吉右衛門は喜んでいた。

同じ月に国立劇場で上演された光秀の謀反を主題とした「時今也桔梗旗揚」を見ていた丑之助は、両方の作品に光秀が関連しているが同一人物なのか、と質問を重ねた。

「丑之助が小さいなりに芝居のことをよく理解しているのを岳父は偉いとほめてくれたようです」と菊之助。

その後、丑之助はモーリタニアとネパールの国歌を口ずさんだ。タッチペンで押した国の国歌が流れる仕組みの「しゃべる地球儀」で遊ぶうちに、すっかりお気に入りになっていたのだ。

丑之助は「あの時、じいたんはうれしそうに笑いながらずっと聞いてくれました」と、のちに吉右衛門の上機嫌ぶりを証言してくれた。

丑之助はその日に見た五右衛門の演技にも感銘を受けたという。

「最後に（久吉に向けて）手裏剣を投げて決まるところや、その前に右忠太、左忠太と立ち廻りをするところがすごく恰好良かったです」と語ってくれた。

倒れる二日前に、愛孫とひと時を共にし、かわいい歌声に耳を傾けて会話し、倒れる直前には好物のウニの軍艦巻を口にした。「良かったと思います」と知佐。

丑之助にとっても「今までで一番じいたんと話しました」と、ことに記憶に残るできごとであったようだ。

吉右衛門が亡くなった十一月二十八日は、丑之助の八歳の誕生日当日であった。

「自分の誕生日にじいたんがいなくなっちゃいました。絶対に忘れません」と丑之助。

ちょっとしたしぐさや目遣いが丑之助は吉右衛門とよく似ている。他人からもしばしばそう言われるらしい。

「似ていると言われることは多いです。うれしい気持ちになります」と祖父への思いを表した。

幻の舞台「新薄雪物語」

新型コロナウイルス感染拡大で最初に中止になったのが二〇二〇年三月に予定されていた歌舞伎座の「三月大歌舞伎」公演である。数度にわたり初日が延期された末、同月十八日に全公演の中止が発表された。だがこの公演は無観客で映像収録され、翌四月にYouTubeの松竹チャンネルから無料配信された。

吉右衛門が演じたのが昼の部「新薄雪物語《しんうすゆきものがたり》」の幸崎伊賀守《さいさきいがのかみ》である。寛保元（一七四一）年に時代物浄瑠璃として初演され、同年には歌舞伎化された。

名刀をめぐるお家騒動に若い男女の恋がからむ長編で、同公演では、「花見」「詮議」「広間」「合腹《あいばら》」が上演される予定であった。伊賀守は「詮議」と「合腹」に登場する。

鎌倉将軍家に仕える伊賀守の娘、薄雪姫と園部《そのべ》兵衛《ひょうえ》の子息、左衛門《さえもん》は恋人同士。

だが悪人のたくらみで、左衛門は謀反の罪に問われる。幸崎邸での詮議の末、執権・葛城民部《かつらぎみんぶ》の計らいにより、互いの子を入れ替えて預かりたいという伊賀守と兵衛の願いが容れられ、幸崎家は左衛門、園部家は薄雪姫を預かることになる。

兵衛が薄雪姫を逃がしてやったところに幸崎家の使者が訪れ、伊賀守が左衛門を討ったので同じ刀で姫の首も打つようにと伝える。兵衛は刀の切っ先だけに血がついているのに気付き、伊賀守の真意を悟る。やがて首桶を抱えた伊賀守が現れる。奥から兵衛も首桶を持参し、伊賀守に不快感を示す妻・梅の方の前で伊賀守と同時に首桶を開ける。そこには子供二人の身代わりに親の命を取って欲しいとの願書が入っていた。伊賀守も兵衛も腹を切っていた。

兵衛は悲しむ梅の方を叱り、久しく笑いを忘れていたので、笑うように命じる。「笑えというになに吠える」と叱責された梅の方は、泣き笑いをし、兵衛と伊賀守も苦痛をこらえながら笑い合う。「虎渓《こけい》の三笑《さんしょう》と名に高き、唐土《もろこし》の大笑い」の竹本の詞章に続いて、兵衛は「それも三人」、伊賀守は「これも三人」と口にし、竹本が「劣りはせじと打笑う」と受ける。「合腹」とも「三人笑い」とも呼ばれる、作中で一番の見せ場だ。

「虎渓三笑」は中国の故事に由来する。虎渓は中国にある川の名。晋の慧遠《えおん》法師は虎渓を渡って外出することを自身に禁じ、東林寺で修行を積んでいた。そこに詩人の陶淵明《とうえんめい》と道士の陸修静《りくしゅうせい》が来訪する。話がはずんだあまり、二人を送る際に慧遠は、気付かずについ虎渓を渡っていた。それに気付いた三人は大笑いをした。画題にも多く取り入れられ、江戸時代には広く知られた故事であったのだろう。

初代の当たり役伊賀守

吉右衛門の伊賀守は二〇〇八年六月の歌舞伎座公演以来で、それが二度目になるはずであった。伊賀守は初代吉右衛門の当たり役でもある。

初代は「動きの少ない、ジックリと芝居をするより外はない渋い役で、三人笑いの件りが一等の見せ場でもあり、難物ともされておりますが、その他の件りも、とにかくちょっとでもイキの休まる所のない骨の折れる役です」と『吉右衛門自伝』(啓明社/一九五一年)で語っている。

「合腹」で、伊賀守は切腹の痛みをこらえながら花道から登場する。初代は述べる。

「これは父から聞いた話でございますが、イガのついた栗がお臍の上に入れてあるつもりでいれば蔭腹を切った人に見える、と申すのは、毬栗がお臍の上にあったのでは、大声どころか、あたりまえの声を出してもチクリと痛むので、いきおいわずかに口の先だけで物を言う事になる、それにせりふ尻に一切力を入れない様にするのとが、蔭腹のコツだということでございました」（同書）

父とは三代中村歌六を指す。これに対し吉右衛門は、

「普通はお腹を切ったら、痛くて動けませんよね。昔の方はそういう信念を持っていた。強いものだなと思います。花道を歩くのに初代は時間をかけ過ぎなので、待っている俳優が困るのではと当時の劇評にありました。ほとんどが初めて見る方だとしたら、長々とはできません。その間《ま》が難しいですね。『熊谷陣屋《くまがいじんや》』の熊谷直実《なおざね》の花道の出とまではいきませんが、ご存じない方には、おじいさんがゆっくり歩いているなというくらいに思わせ、のちに『ああそうか』となるようにした方がいいように思います」

こっそりと園部邸を訪れた左衛門を伊賀守は「左衛門のばか幽霊」と叱責して追い返す。

「あそこが一番難しいとおやじ（初代松本白鸚）も言っていました。腹を切っている

ので大声を出せない。かといって小声でもいけない。芝居ですから声を張るところは張ります。兵衛の息子ですが娘と恋仲なので、実の息子のように思っているはずです。それを追い返すところが一番難しいし、芝居どころだと言っていました」

初代白鸚は、自身と妻正子《せいこ》の父である初代吉右衛門との関係に思いをめぐらせつつ、「兵衛の息子だが実の息子のように」というくだりを口にしていたのではないか。また吉右衛門も、菊之助という娘婿のいる自身の実感とも重ね合わせていたのではないか。三代にわたる思いが層をなした教えに感じられる。

笑いで涙を誘わなければ

花道の揚幕から出た伊賀守は、震える手で七三に置かれた枝折戸《しおりど》を開け、舞台に着くと庭から兵衛の奥方、梅の方がいる座敷に上がる。だが草履を脱ぐ力はもうない。左足の草履を履いたまま座敷に上がってから扇で草履を捨てるのは七代市川團蔵の型と伝えられる。

「おやじ（初代白鸚）も左足の草履を履いたまま上がっていました。私も初演ではそういたしましたが、それでは取りづらいので、今度は左足の草履は脱ぎ、右足を履いたままにし、座敷に上がってから脱ぐようにしようと思います」

配信映像では、言葉通りに吉右衛門は右足の草履を履いたまま座敷に上がっていた。

吉右衛門の話は初代の弟、十七代中村勘三郎が新作歌舞伎「巷談宵宮雨《こうだんよみやのあめ》」（宇野信夫作）の竜達《りゅうたつ》を演じた時にまで及んだ。同作は怪談話で、のちに殺されて亡霊となる竜達は寺を追われた悪僧。吉右衛門は金目当てに竜達を殺害することになる甥の太《た》十《じゅう》を勤めている。

「私が太十を演じた公演で、中村屋のおじさん（十七代勘三郎）の竜達が庭から座敷に上がる時、なかなか上がれないというようなおもしろい足取りをし、お客さんは拍手喝采しました。どうやら初代の伊賀守が座敷に上がる時にそれぐらいやっていたのをおじさんは竜達に応用したらしい。私が伊賀守でそれをしたら、梅の方が待たされ過ぎて困るでしょう。昔の役者さんは、そういうのも平気だったんでしょうね」

そして腹を切った伊賀守と兵衛、梅の方による眼目の「三人笑い」になる。

「娘とその恋人のために、自分の命を差し出すというのは究極の親子愛でしょう。親子の愛は普遍的なもので題材としてはやり易いですが、表し方が難しい。最終的に笑いで涙を誘わなければなりません。あそこで一緒にお客様に笑われてはおしまいです。

外国の演技法に『怒っている時に笑え』『泣いている時に笑え』というのがあるそうですが、日本でもずいぶん昔にそんな演技をしていた。さあ、やってみろ、という作者から役者への挑戦ですよね」

第四期の歌舞伎座が建て替えになるにあたっての二〇〇九年から翌年四月まで行われた「さよなら歌舞伎座」公演の頃から、吉右衛門演じる義太夫物の竹本を多く担当する竹本葵太夫は、結果的に幻の公演ともなった「合腹」の語りを担当した。

「興行として上演できたら、大変結構な舞台になったと思います」

兵衛は片岡仁左衛門、梅の方は中村魁春の配役であった。

「稽古の時は、三人笑いが早めに終わりました。それで旦那（吉右衛門）から、『（演奏を）もう少し短く詰めていただいた方がいいと思います』と言われ、三味線弾きさんと相談して、翌日は短くしました。そうしたら、今度は足らなくなりましてね。本興行でしたら、日々調整できたのですが残念です」と振り返る。

率直に語った歌舞伎愛

二〇二〇年四月は新橋演舞場「四月大歌舞伎」で「籠釣瓶花街酔醒《かごつるべさとのえいざめ》」の佐野次郎左《じろうざ》

衛門《えもん》を勤めるはずであったが、新型コロナウイルス感染拡大で、初日延期の末に全公演中止が発表された。

吉右衛門が中止発表の前に述べた言葉がある。

「舞台に出られない時は、ジムに行って歩いたり、ストレッチをしたりしておりますが、役者の身体の動かし方、筋肉の使い方は、体操とは全く違うようです。舞台に出ることが我々には一番の健康法ではないかと思います。四歳で初舞台を踏んでから二十五日間舞台に立ち、翌月の稽古に入るというのを続けていたので、体がそういう波に乗っているんですね。急になくなるとリズムが壊れます」

歌舞伎俳優として過ごした七十年以上の歳月で確立されたスタイルが崩された苦しみが伝わる。自粛期間は長期にわたった。九月公演への出演が決まった八月に聞いたのが次の言葉だ。

「役者は舞台の上でお客様方の教えのもとに初めて生きる商売です。花火にたとえますと、花火師がいくらいてもだめで、打ち上げて空で花を咲かせ、皆さんの心に美しさ、寂しさ、勇気、元気を与えるものではないか。七十幾つになっても、まだ役者をやっていますから、よほど好きなんだと思います。好きでやっている商売だから、何とか全うしたい。これから幾つまでできるかわかりませんけれど、歌舞伎役者として、舞台人として全うさせていただけたら、こんなにありがたいことはないと思います」

含羞《がんしゅう》の人である吉右衛門はストレートな物言いを避けるところがあった。例外は、丑之助を始めとする孫たちのかわいさを表現する時か。自身が職業とする歌舞伎に関するとその傾向はより顕著になる。これほど率直に歌舞伎愛を語ったことに驚いた。

妻の知佐も同意する。

「『やっぱり自分は芝居が好きなんだな』と口にするようになったのはコロナ禍以降ですね。若い頃、『僕は役者が嫌いだ』とテレビで発言し、視聴者からすぐに手紙が来て怒られたそうです。そんなことを言う役者の芝居なんて見たくないと書いてあったんですって。それで、『これではいけない』と思ったらしいです」

コロナ禍で、政府や自治体の指導により舞台活動は大きく制限された。

「太平洋戦争の時でさえ、劇場公演は中止されても、慰問などで芝居は上演されていました。こんなに長期間歌舞伎が中止されることはなかったし、いつ終わるのかもわからない。それで、やっぱり好きだったんだと思ったんじゃないですか。もうちょっと人生をうまく生きていければ、素直に好きと言えたんでしょうけれどね」と知佐。

一日で書き上げた「須磨浦」

自粛期間中の吉右衛門が取り組んだのが一人芝居「須磨浦《すまのうら》」の制作である。義太夫物の名作「一谷嫩軍記《いちのたにふたばぐんき》」の世界を凝縮した作品で、同年八月下旬に観世能楽堂で収録し、映像配信された。配信用に何かできないかと松竹演劇部から依頼を受けた吉右衛門は自宅で一日で台本を書き上げ、筆名の松貫四《まつかんし》名で構成・演出も手掛けた。撮影は吉右衛門の写真集も出している写真家・鍋島徳恭《なべしまなるやす》が担当した。

松貫四は「伽羅先代萩《めいぼくせんだいはぎ》」の作者である遠祖の名にちなむ。初代の母方の祖父で吉右衛門の名の由来にもなった芝居茶屋の主人、萬屋吉右衛門の先祖である。「伽羅先代萩」の合作者でもある浄瑠璃作者で、その名は初代吉右衛門から二代目の実母で初代白鸚夫人の藤間正子《せいこ》に受け継がれていた。

吉右衛門が一九八五年に大阪・中座と「こんぴら歌舞伎」で連続上演された「再桜遇清水《さいかいざくらみそめのきよみず》」を執筆した際に、正子から許しを得て筆名とした。以降は「昇龍《のぼるりゅう》哀別瀬戸内《わかれのせとうち》　藤戸《ふじと》」「巴御前《ともえごぜん》」「日向嶋景清《ひにむかうしまのかげきよ》」など、自身の執筆や補綴《ほてつ》などに松貫四名が使われている。

「歌舞伎には三味線に乗っての音楽的な独白があり、それが特徴のひとつでもあります。それでつなげたら何とかなるかなと思いました。能舞台は私たち歌舞伎役者にとっては神聖な場所です。何とかそれを汚さずに、ご覧になる方に少しでも感動を与えられたらと考えました」と吉右衛門は執筆時の願いを語っていた。

節付けと公演での竹本を担当した竹本葵太夫が、収録時の状況を教えてくれた。

「始めは『諸行無常』というタイトルだったのを改題されました。台本を拝見し、すぐに節が付きました。奇をてらったことはお好みにならない方ですから、大歌舞伎の手法で節付けしました。稽古で直しがあるのかと思ったら、何もおっしゃらない。舞台稽古もそのままでした。収録ですから、途中で休憩を入れながらいろいろな場面を撮影するのかと思いましたが一気呵成《かせい》でした」

象徴性を極めた三十分

「堀川御所」と「須磨浦」の二場構成による約三十分の作品。源義経に敦盛《あつもり》を討てと命じられる一方で、暗に助けるようにとも示唆された熊谷直実が、須磨浦で敦盛の身替りとしてわが子の小次郎の命を奪い無常感に打ちひしがれるまでが描かれる。

能舞台で葵太夫の語りと豊澤淳一郎の三味線による竹本は地謡座《じうたいざ》（本舞台の右手床）、小鼓の田中傳左衛門らの囃子方は囃子座《はやしざ》（舞台奥の手前）に座した。「堀川御所」の冒頭で、囃子の演奏に乗って紋付袴姿の吉右衛門は橋掛リ《はしがか》（舞台への通路）から姿を現し、「かように候者《そうろうもの》は……」と一声を発する。

熊谷以外の人物は葵太夫の語りで表現される。敦盛を討てと命を下した義経から渡される「伐一枝者可剪一指（一枝を切らば一指を切るべし）」の高札《こうさつ》（制札《せいさつ》）は、後見（三代吉之丞）が差し出す扇子が代わりをなす。「一指を切るべし」と口にした瞬間、吉右衛門の顔がアップになる。表情から息子を身代わりにする決意が感じられた。

葵太夫は振り返る。

「我々は文楽座の方たちとは異なり、芝居の台詞は申しません。そういう修業もしておりませんので、果たして旦那をお相手に、義経として『無官太夫敦盛を討て』と言えるのだろうか。『それじゃあ、ちょっと受けられないよ』と言われるのではないかと思っておりました。それが『はぁーっ』とリアクションをされたので、心の中では『どうもすみません』という感じでした」

場面は「須磨浦」に移る。竹本の語りと早拍子で、吉右衛門は橋掛リから馬を連れて現れる。この馬に工夫がある。前足と後ろ足の部分にひとりずつ人が入っているが、胴体はない。リアルさを排除し、象徴性を高めた。その分、親子の別れという事態を見つめる第三者としての目を強く感じさせられた。馬は弟子の吉兵衛の手作りであった。吉兵衛は話す。

「最初に口頭で説明され、その後に旦那のスケッチを見せていただき、『作れるか』と聞かれました。無理なら藤浪小道具（歌舞伎の小道具会社）に頼むので、早く返事をくれということでした。できますとお答えしましたが、実際に作って駄目だったら、謝らないといけません。ユザワヤ（手芸用品専門店）で布を買い、芯を段ボールで作りました。お見せしたら結構気に入っていただけました。馬の手綱と轡《くつわ》は藤浪さんから借りました」

平家の船を追って海に馬を乗りいれた敦盛への呼びかけは、舞台に近い一ノ松のあたりで行われる。「返させたまえ」の声が力強く、「おーい」と繰り返す声音が一声ごとに変化し、次第に高まるところに、敦盛との距離感がはっきりと表れた。

全国放送された配信

熊谷は千鳥の合方に乗って馬を進ませて舞台に至る。馬の上に乗るわけではない。吉右衛門は馬の手綱を取って共に歩む。刀に見立てた扇で斬り合い、扇を投げ捨てて組討となる。熊谷が敦盛を組み敷いて顔を見る際は表情がアップにされた。敦盛の顔を見て、「我が子の年映え」と嘆息する場面では、小次郎への情が感じられた。今度は扇が敦盛に見立てられ、「鎧《よろい》の塵を打ち払い」の竹本で、身なりを整えてやる。逃がしてやろうとする熊谷への「はや首討てよ、熊谷」の葵太夫の語りには凜《りん》とした敦盛の風情が出て、姿が目に浮かぶようであった。

熊谷は敦盛をなかなか切れない。目をつぶって堪える吉右衛門の表情に万感の思いがにじむ。遠くから見ていた平山武者所に二心あるに極まったとなじられてはっとし、「是非もなや」と声を絞り出す。周囲を見やる視線の動かし方で、置かれた状況が手に取るように伝わる。ここでも表情がアップにされ、表現の細かさがわかる。

敦盛の首を切り落とす際の熊谷の表情が切なく、切った後も持った首に視線を合わすことができない。子を殺さなければならなかった父の悲しみがあふれ出る。首を掲げての「かちどき」の声は強さの中に悲しさがあった。この際は下からあおっての顔のアップ。「エイエイオー」のかちどきは、葵太夫を中心に多くの声が合わされる。

映像は首を持った吉右衛門の全身を映し出す。ここで熊谷は初めて首に目をやる。「いずれを見ても蕾《つぼみ》の花……」の台詞を言い、「いたわしやな」と視線を落とす。戦争のはかなさ、無常感が伝わった。

そこに橋掛リから馬が登場する。「悉多太子《しったたいし》を送りたる、車匿童子《しゃのくどうじ》が悲しみも」を台詞で言い、体を震わせ、馬の首に顔を寄せる。「檀特山《だんどくせん》の憂き別れ」の竹本で、馬の手綱を引く。葵太夫の浄瑠璃が場の切なさをより深める。「同じ思いの片手綱」の語りで、熊谷は抱えた首の包みを赤子のようにいとおし気になで、そのまま座り込むと馬が感応したように足踏みをする。手綱を持った熊谷は何かを決意したようにきっと目をやる。熊谷は、悲し気に背を丸めて馬の手綱を引いて橋掛リを入る。

アップや下からの構図など映像ならではの工夫もなされ、吉右衛門の「一谷嫩軍記」に対する世界観が感じられる作品となった。

配信は好評で、後日、NHKで全国放送もされた。

「特別に許していただいて、お身内だけの旦那のお通夜に伺いました。お棺の胸のところに、水色の表紙の『須磨浦』の台本が添えられていました。私の竹本の太夫としての人生の中でも記念碑のような作品でした。悲しいかな旦那のお形見のようにもなってしまいました」と葵太夫は無念そうな表情を浮かべた。

最後の秀山ゆかりの狂言

コロナ禍で中止されていた歌舞伎座での興行が二〇二〇年八月に再開され、翌月の九月に吉右衛門は同年三月の「新薄雪物語」の映像収録以来、久しぶりに歌舞伎座の舞台に立った。

演じたのは四部制を取る興行の第三部で「秀山《しゅうざん》ゆかりの狂言」と銘打った「双《ふたつ》蝶々曲輪日記《ちょうちょうくるわにっき》 引窓《ひきまど》」の濡髪長五郎《ぬれがみちょうごろう》。九月は初代吉右衛門を顕彰する「秀山祭大歌舞伎」が催されていた月である。

「双蝶々曲輪日記」は濡髪長五郎と放駒長吉《はなれごまちょうきち》という「長」の名を持つ二人の男性が活躍する寛延二（一七四九）年初演の浄瑠璃物。「蝶々」も、その名にかけられている。

濡髪は名高い力士だが、恩ある人の息子を助けるために人を殺《あや》め、お尋ね者となり、実母・お幸の再婚先の八幡の里を訪ねる。お幸は嫁のお早とともども濡髪の来訪を喜ぶ。お幸の義理の息子でお早の夫・南与兵衛《なんよへえ》は亡父と同じ郷代官に取りたてられ、南方《なんぽう》十次兵衛《じゅうじべえ》という名を与えられ、意気揚々と帰宅した。お幸とお早は、十次兵衛と伴った二人の侍の会話から濡髪を捕縛《ほばく》しようとしていることを知る。

実の息子と義理の息子の間でお幸は揺れ、それを知った濡髪と十次兵衛もお互いを思いやる。緊密な心理劇が繰り広げられる。

「義理の親子とまことの親子との切ない情愛の表し方を皆さんにご覧いただきたい」と吉右衛門は話した。

それまで主に上方歌舞伎で演じられていた「引窓」の十次兵衛に初代が初挑戦したのは一九二六（大正十五）年七月の歌舞伎座であった。初代中村鴈治郎と二代實川延若《じつかわえんじゃく》の型を参考に独自の工夫を加えたと伝えられる。この吉右衛門型は賞賛を博し、当たり役に数えられるようになった。二代目も何度も勤めた当たり役でもあるが、この公演では菊之助が十次兵衛を勤めた。

「年齢のせいで正座が無理になってしまいました。十次兵衛は正座が長いんです。濡髪はお相撲さんの大きさを出すために、合引《あいびき》（腰掛け）をしますが、十次兵衛はまともに座らなければなりません」

吉右衛門は播磨屋《はりまや》（吉右衛門家）型の十次兵衛を菊之助に伝えた。

「十次兵衛はお幸と義理の仲。僕は養子なので少しはわかるのですが、彼はそうではありません。そこが一番難しいだろうと教えました」

「引窓」は台詞劇

お幸は濡髪を二階に匿《かくま》う。二階から覗き込んだ濡髪の姿が手水鉢《ちょうずばち》に映り、それを見た十次兵衛は手柄を立てられると意気込む。だが、お早は紐で開閉される明かり取りの引窓を閉めて濡髪の姿が見えないようにする。いぶかしむ十次兵衛に、お幸は絵姿の描かれた手配書を自分に売ってくれと頼む。

「十次兵衛の動きはちょっとしかございません。濡髪が二階にいるのがわかって捕まえに行こうとするのを、お早、お幸に阻止されるところの型はありますが、あとは座ったままです。必要なのは落語に通じるような話術です。お客様の気持ちをそこでつかむ。お幸は濡髪が自分の息子とは明かさずに十次兵衛に絵姿を売ってくれと頼みます。見逃してくれという意味ですが、口には出さない。実の親子ならば明け透けに『見逃してくれ』と言うところでしょう。言ってもらえない十次兵衛の切なさは、経験していない人にはちょっとわかりにくいかなと思いました」

自身が養子とされたことに責任を感じ、生涯を通じて強くこだわっていた吉右衛門らしい分析である。

「隠そうとするお幸に対し十次兵衛が感じるのは寂しさ、辛さ、悲しさのすべてで、そこが『引窓』の性根《しょうね》でしょう。とにかく心を込めて、『なぜ物をお隠しなされまするのか』と言いなさいと伝えました」

十次兵衛を演じていて照れくさいのは、取りたてられた姿を亡き父親にそっくりだと褒めるお幸にお早が、「そんならあの、父御様もよっぽどよい男でござりましたな」と喜ぶくだりだと話した。

「何を言うんだと十次兵衛は応じますが、そこはやりにくかった。遊女だったお早に惚れられるくらいですから、やはりいい男で、もてたのでしょう。菊之助君ならぴったりです」と笑いながら話す口調に、よき後継者を得た喜びが感じられた。

さらに「引窓」は台詞劇であると加えた。

「台詞は個性があります。あまりに僕の通りというのも、彼の魅力を引き出すためにはよくない。全部教えましたが、あとは自分で研究し、回数を重ねる中で手直しをするということですね」

「僕は悲劇役者ですが」

吉右衛門は同年十一月に国立劇場で「平家女護島」に出演し、二〇二一年一月は歌舞伎座の「壽初春大歌舞伎」第二部で「仮名手本忠臣蔵七段目　祇園一力茶屋」の大星由良之助を勤めた。おかるは五代中村雀右衛門、寺岡平右衛門《へいえもん》は中村梅玉の配役であった。

演目については後段で詳しく触れるが、この公演に際しても電話で話を聞く機会があったので紹介したい。

コロナ禍の最中でもあり、通常は約一時間四十分かかる演目を、由良之助が塩冶判《えんやはん》官《がん》の妻、顔世御前《かおよごぜん》からの密書を読む「釣燈籠《つりどうろう》」と呼ばれる場面からの短縮版での上演となった。

由良之助は主君、塩冶判官の仇を討つという本心を隠すため、祇園の一力茶屋で遊び惚けている。そこにいたのが、塩冶浪人、早野勘平《はやのかんぺい》の妻で遊女となったおかる。由良之助が読む密書を覗き見てしまう。茶屋には仇討に加えてもらいたいと望む塩冶家の足軽でおかるの兄の寺岡平右衛門も来ていた。

カットされた部分に太鼓持ちや仲居と宴席で遊ぶ由良之助に、元は塩冶家家老で今は敵方の高師直《こうのもろなお》の手先となっている、斧九太夫《おのくだゆう》が蛸を食べるように勧め、今日が判官の忌日と知っているかと迫るくだりがある。

「僕は悲劇役者ですが、お正月らしいにぎやかなものをと考えました。こういう場合ですからしかたありませんが、今回は九太夫さんのいじめに耐えて遊び惚けるところがないので、由良之助がどういう人物かを表すのが難しくなります。変則ではありますが、すべてお客様の安全があってのことですからね」と吉右衛門は前置きした。

おかるに密書を見られたことを知った由良之助は、秘密を守るために命を奪う決意を固める。おかるに自分が身請けし、三日で自由の身としてやろうと持ち掛け、喜んだおかるは再会した平右衛門に、そのことを伝える。由良之助は、おかるが勘平の妻と知っているのか、知らないのか。原作には書かれていない。

「僕は由良之助が、おかるの素性をわかっていると考えて演じています。それでも大事なことを知られてしまったので、どこかで殺さねばならないという苦衷《くちゅう》を表現します。お芝居なので、おかるをかわいそうだと思っているのを伝えなければいけないのですが、あまり底を割ってもいけない。ちょこっと本心を見せるのが七段目の由良之助の難しさです」

播磨屋としての清正物

二〇二一年の歌舞伎座「五月大歌舞伎」が、吉右衛門の名が出演者として筋書《すじがき》に掲載された最後の公演となった。

この公演の第三部の序幕「八陣守護城《はちじんしゅごのほんじょう》　湖水御座船《こすいござぶね》」の佐藤肥田守正清（加藤清正）が、演じる予定の役であった。結果として自身の出演はならず、縁戚であり、播磨屋一門として長く舞台を共にした歌六が演じることになった。

豊臣秀吉恩顧の大名、加藤清正は、「賤ケ岳《しずがだけ》の七本槍《しちほんやり》」での勇猛果敢さや、「虎退治」の逸話で庶民に愛された。また、慶長十六（一六一一）年に秀吉の子、豊臣秀頼を説得して二条城での徳川家康との対面を成功させた直後に命を落としたことが、毒まんじゅうを食べさせられたのでは、という憶測を生み、歌舞伎や浄瑠璃の演目にもしばしば取り上げられた。

四代中村芝翫、九代團十郎など時々の名優も清正役を演じたが、とりわけて清正役者として名をはせたのが初代吉右衛門である。当たり役を集めて自身が選定した「秀山十種」にも吉田絃二郎《げんじろう》作による新作歌舞伎「二条城の清正」「蔚山《うるさん》城の清正」「熊本城の清正」の三作が入っている。清正役への愛着は深かった。

初代の芸を愛した演劇学者・河竹繁俊は著書『中村吉右衛門』（冨山房／一九五五年）で、「清正といえば吉右衛門、吉右衛門といえば清正を連想させるまでの当たり役。純情で誠心誠意の清正と、まじめで情熱的で伝統的精神の持主吉右衛門とは、まことにぴったりと合致したものであった。日本演劇史上、吉右衛門ほどに清正物に成功し、清正物をもって代表的作品とした俳優は、ほかに一人もないのである」と賞賛している。

「まじめで情熱的で伝統的精神の持主」という表現は、そのまま二代目吉右衛門にもあてはまる。その初代が当たり役とした清正物のひとつが、「八陣守護城　御座船」である。初代の芸の継承を使命とする吉右衛門は、同演目の佐藤正清（加藤清正）を初演するにあたり、「播磨屋の家に伝わる芸として残していくこと」を目標とした。

筆名の松貫四で補綴にもあたり、上演の決まった三月から準備を進め、初代が役にどんな解釈をしていたかを汲み取ることにつとめた。初代の「御座船」上演時の記録である「見たまま」は残っておらず、当時の劇評などが道標となった。

復活上演への熱意

佐藤正清が毒酒を飲まされることから、「毒酒の清正」と呼ばれる「八陣守護城」の初代による初演は明治四十三（一九一〇）年九月の市村座で、「春雄館毒酒」「御座船」「正清本城天守閣」の三場を上演した。「どなたの型か存じませんが、父に聞いたものに依って勤めて居ります」と『吉右衛門自伝』にはある。父とは三代歌六。以降繰り返し演じる当たり役となった。

大正六（一九一七）年一月に初代が市村座で上演した際には、源頼政の「鵺《ぬえ》退治」の場面を「御座船」の前に取り入れた。頼政は平安期の武将。のちに平清盛打倒を目論む「以仁王《もちひとおう》の乱」で挙兵して失敗し、命を落とす。「平家物語」には、その頼政が、御所に現れて天皇を悩ます猿の頭に虎の胴、蛇の尾を持つ化け物の鵺を退治した逸話が記されている。

北畠《きたばたけ》春雄《はるお》（徳川家康）の関東方と小田春若《おだはるわか》（豊臣秀頼）の大坂方が争う世にあって心の内を読めない諸大名を得体の知れない鵺にたとえている。初代は頼政と正清の二役を勤めたが、「五月大歌舞伎」では、吉右衛門のアイデアで、冒頭で漁師たちに都に鵺が出るらしい、というわさ話をさせ、その後に彼方に石山を望み、湖水が広がる道具幕を切って落とすと、御座船で眠っていた正清が嫁の雛衣《ひなぎぬ》に起こされ、鵺退治の夢を見たと語ることにした。

構想中に、大正六年一月の市村座公演で用いた初代の書き抜きが見つかり、早速に取り入れた。初代が正清を演じるにあたり、文化・文政期の立役、三代歌右衛門の錦絵を参考に衣裳を考えたことが『吉右衛門自伝』に記されている。

「船では赤い顔、後に本城では青い顔というのは可笑しいと仰有る方もありましたが、全く理屈に考えては可笑しい事だらけでございましょう。御座船の赤い長上下に黒天の着付は、とんと芝翫型の熊谷か、盛綱の和田兵衛とそっくりですが、昔の衣裳というものは大層簡単で、そういろいろな着付はなく、赤ッ面の着付、お姫様の着付、という様に定まっていたもの」(同書)

演劇評論家の岡鬼太郎《おかおにたろう》は「吉右衛門の正清は、精々活歴かぶれから逃げて、船は赤ッ面(中略)何處までも大時代に出掛けたのが好い。斯ういう狂言の斯ういう役に、堀越張り(筆者注・九代團十郎)は鼻ッ摘みだ」と評している。

『吉右衛門自伝』には岡の言にも通じる「こういう芝居は、理屈抜きに諸事大まかに演らなければならないのですが、私はどうも神経質になり易くていけません」という一文がある。「大まか」とは、細部にこだわらずに大きく全容をとらえる意味だ。吉右衛門はこの「大まか」をキーワードに、古式ゆかしさを尊重しつつ復活上演に取り組んだ。

細部にまで目配りは及んだ。御座船は松竹大谷図書館所蔵の昭和八（一九三三）年の明治座公演の道具の写真をもとに新たな工夫を加えた。安土城に向かう船が浮かぶのは琵琶湖である。吉右衛門の提案で、正清の求めに応じて嫁の雛衣が奏でる曲も琵琶湖ゆかりの「竹生島《ちくぶじま》」に改めた。正清の家臣が居並ぶ前で雛衣が琴を弾き、正清がくつろぎながら楽しむという優美な場面である。雛衣は正清の子、主計之介の妻で、嫁ではあるが、正清とは本当の親子のような温かい情が通い合っているという吉右衛門の解釈で、あえて「娘」と呼びかけるようにした。

船の屋根の軒には紫に白抜きで、加藤清正の紋の蛇の目と替紋の桔梗《ききょう》紋が染め抜かれた幕が張られた。また正清の着付は桔梗、裃は蛇の目紋。どちらも初代の舞台写真を参照した。

生き続ける吉右衛門

その公演では上演されなかったが、前場の「春雄館毒酒」で、正清は春雄に毒酒を盛られている。雛衣の父、森三左衛門《さんざえもん》は春雄の家臣で、正清と同時に酒盃をあおって命を落としている。だが正清は尋常ではない体の強さで、乗船後も、周囲にそれと感じさせないような所作を見せていた。

春雄の命令で正清のようすをうかがうため、小船に乗って御座船まで来た轟軍次《とどろきぐんじ》は、正清に何の異常も見えないのをいぶかしむ。続いて船に乗り込んだ春雄の家臣、鞠川玄蕃《まりかわげんば》は暗殺者が潜んだ鎧櫃《よろいびつ》を餞別《せんべつ》と称して持ち込む。その際に正清は自ら進んで玄蕃と大杯で酒を酌み交わす。三左衛門の最期を知る玄蕃は、正清とのあまりの違いを見て疑念を口にして立ち去る。

竹本の詞章《ししょう》も吉右衛門が新たに書き加え、葵太夫が補曲した。正清は玄蕃の言動から三左衛門がすでに落命していることを察し、玄蕃の持ち込んだ鎧櫃のからくりに気付く。「片方に据えし鎧櫃キット目を付け、携え持ちし名刀の鐺《こじり》を持って打ち破れば」の詞章は吉右衛門の考案による。

ここで見得《みえ》をし、櫃を刀の鐺で突き破る。続く詞章の「持ちたる短筒火ぶた切る間も水底へ、ざんぶと切り込む佐藤が手の内」で櫃の中から飛び出して短筒を構える黒《くろ》四天《よてん》を正清が切り、水中に落とす。

正清が湖面を見込み、その手に持つ刀の血を雛衣が拭う。「演藝画報」には、初代と三代中村時蔵、初代と六代中村福助（六代歌右衛門）のどちらの配役でも、この場の正清と雛衣の写真が掲載されている。それを踏襲《とうしゅう》した。

御座船が廻って船は正面を向き、正清は船首に出て水底を見込む。正清は吐血し、血を懐紙で拭い、海に落として舳先で決まる。「正清は毒を飲んでおりますので、その心持を忘れてはいけないのではないか、と存じます」とは初代の言葉である。「五月大歌舞伎」での血が落ちる仕掛けは弟子の吉兵衛が工夫し、歌六所演の際に用いられた。

「この一幕だけで、芝居として成立させるようにしたい」と吉右衛門が力を込めた作品が、倒れた後に上演された。

二〇二二年九月の「二世中村吉右衛門一周忌追善」と銘打たれた「秀山祭九月大歌舞伎」でも吉右衛門こと松貫四構成・演出の「白鷺城異聞《はくろじょうものがたり》」と同構成の「昇龍哀別《のぼるりゅうわかれの》

瀬戸内《せとうち》　藤戸《ふじと》」が上演された。「白鷺城異聞」は一九九九年十月に姫路城特設舞台で吉右衛門の宮本武蔵により初演された。「追善」では歌六が演じた。
「藤戸」は、一九九八年五月に広島の厳島神社の「宮島歌舞伎」で自身による母藤波と藤戸の悪龍《あくりょう》の二役で初演され、二〇〇六年六月には歌舞伎座、二〇〇八年七月には比叡山延暦寺の「比叡山薪歌舞伎」で再演された。「一周忌追善」の母藤波と藤戸の悪龍の二役は菊之助。吉右衛門の残した作品は生き続けている。

第二章

当たり役を語る

「平家女護島　俊寛」

出てきた瞬間が勝負です

本章では数多い吉右衛門の当たり役を、その言葉を通じて紹介していきたい。

一番好きな役は何か、と尋ねたことがある。「俊寛」と即答された。

近松門左衛門作「平家女護島」は全五段構成だが、その二段目部分にあたる。「平家物語」やそこから題材を得た能の「俊寛」をもとに享保四（一七一九）年に人形浄瑠璃で初演し、翌年に歌舞伎化された。

「近松の名作で、初代が作り上げて練り上げた吉右衛門の魂がこもる芝居だと思いますので、大切にやっていきたい。もしスポンサーが出てくだされば、パリ、ローマ、ロンドンなどに持っていきたいと思っております。流刑地がある国なので、俊寛の気持ちをよくわかっていただけるのではないでしょうか。その鑑賞に値する戯曲です」と吉右衛門。

大学の文学部でフランス文学を学び、サン＝テグジュペリの「星の王子さま」を原文で愛読し、ルオーやセザンヌの絵画を好むなど、西欧の芸術に強い憧憬の念を抱いていた吉右衛門らしい言葉である。

初代の初演は一九二二（大正十一）年九月の新富座。近松門左衛門の二百年忌にあたり、同座を経営していた松竹創業者の大谷竹次郎社長から直々に依頼された。「四代目の團藏が大層よかったので、以来三河屋（筆者注・市川團藏家）の家の藝となって居り、私も主としてこの四代目團藏の型に従って演じて居ります」（『吉右衛門自伝』）とある。

吉右衛門の初演は、一九八二年七月の国立劇場。初代の弟、十七代勘三郎の教えを受けた。同年一月に実父の初代白鸚が没している。

「初代の演技を受け継いでいた実父の生前には、私が勤めることはありませんでした」

最高権力者の平清盛に反旗を翻そうとした「鹿ケ谷の陰謀」が露見し、首謀者の僧・俊寛、丹波少将成経、平判官康頼の三人は鬼界ケ島に流された。都に残った俊寛の妻、東屋《あずまや》は清盛に言い寄られ、断った末に自害していたが、俊寛はそれを知らなかった。

「俊寛」は、その後の場面。「もとよりもこの島は、鬼界ケ島と聞くなれば、鬼ある所にて今生よりの冥土《めいど》なり」という竹本の謡《うたい》がかりの浄瑠璃で、浅葱幕《あさぎまく》が落ちる。舞台中央には、流罪人である俊寛が住まいとする磯辺の粗末な小屋が建つ。そこに衰弱したようすの俊寛が現れる。

「出てきた瞬間が勝負です。もうひとつ言うと太夫さんのオキ（「もとよりもこの島は……」）の謡がかりが勝負。それでこの話のすべてがわかる。オキが下手だと辛いです」

僧ではあるが心は政治家

その俊寛のもとを少将と康頼が訪れる。少将が島の海女《あま》・千鳥と恋仲となったと聞いた俊寛は喜ぶ。

その際に口にするのが「俊寛も、故郷に東屋という女房、明けくれ思いしたえば夫婦の仲も恋同然。かたるも恋、聞くも恋、聞きたし、聞きたし」という台詞だ。

「実説の俊寛は三十代の若い人です。歌舞伎では年齢のいった俳優が演じることが多いので、老けさせていますけれどね。中村屋のおじ（十七代勘三郎）は、若い人だからと、あまり白（白髪）を入れない鬘にしておられました。通し上演で清盛の東屋への横恋慕があると、俊寛の東屋への思慕がわかり、彼の若さが納得できます」

吉右衛門の俊寛からは、東屋の名を口にした瞬間、若さと色気が感じられた。俊寛が立ち会っての少将と千鳥のささやかな婚礼が行われる。俊寛は松の枯れ枝を手に祝いの舞を舞うが体が衰弱しているので転んでしまう。最初はそれでも笑っていたのが、現在の境遇に思いが及んでか、泣き笑いになる。吉右衛門はその変化が細やかであった。

都からの赦免船が到着すると、降り立った瀬尾太郎兼康《せのおのたろうかねやす》は、少将と康頼を呼び出す。帰還の許しに違いないとはやる少将と康頼は駆け寄って平伏するが、名前を呼ばれなかった俊寛も「俊寛もこれにそうろう」と二人をかき分けるように前に進み出る。

瀬尾は清盛の子である中宮（徳子）御産の祈願のため、康頼と少将を赦免すると記した赦免状を読み上げる。俊寛は進み出て、なぜ、自分の名を読み落としたのかと訴えるが、瀬尾は赦免状を投げつける。俊寛は繰り返し読み、包んであった礼紙までたしかめる。

吉右衛門は信じられないという調子で「ない」とつぶやき、ついで康頼、少将に目をやって「ない」と言い、三度目の「ない」で紙を抱いた。三度の「ない」の声音はすべて異なった。

俊寛は「同じ罪、同じ配所」なのに、なぜひとりだけ許されないのかと嘆く。悟りの境地とは程遠い姿が浮かび上がる。

「僕が最初に『鹿ケ谷の陰謀』を知ったのは小学校の授業でした。それから、いろいろな経験をして関連する本を紐解くうちに、俊寛は僧ではあるが、政治家的な側面が強いのではないかと考えるようになりました。演じる際には、どこかでそういう雰囲気を出せたらと思っております」

冒頭の小屋の場面で、俊寛は二人に、なんで最近は訪ねてきてくれなかったのかと訴え、康頼は、島に熊野三社を勧請し、お参りしていたので暇がなかったと答える。熊野三社とは熊野速玉《はやたま》大社、熊野本宮《ほんぐう》大社、熊野那智《なち》大社を指す。僧侶である俊寛の方が信心深そうなものだが、そうではないところに作意がうかがえる。「僧ではあるが心は政治家」という吉右衛門の解釈が腑に落ちる。

夢がなくなり仏心が生じる

原作では、瀬尾と丹左衛門は同時に船から降りるが、現在の上演形態だと絶望して倒れ伏す俊寛の前に、この時初めて丹左衛門が姿を見せ、もう一通の赦免状を取り出し、小松殿（清盛の子・平重盛）の仁心《じんしん》を身に沁みさせるために、わざと控えていたと口にする。そこには備前国（岡山県）まで帰参させる、という文言があった。俊寛は少将、康頼と共に喜ぶ。

俊寛、康頼と一緒に少将が千鳥の手を引いて乗船させようとするのを瀬尾は拒絶する。自分の妻だと少将が説明しても許さない。それなら自分も帰らないと少将は突っぱね、俊寛と康頼も「流人は一致」と同意し、千鳥を中に、三人は浜辺に固まる。

瀬尾は、俊寛に「うぬが女房は清盛公の御意に背き、首打ち落とされたわやい」と言い放ち、流人三人を強引に船内に引き立てる。東屋が自害と知っていながら、あえて「首打ち落とされた」と言うところに瀬尾の俊寛に対する強い悪意を感じる。

俊寛は瀬尾を殺害し、自分の代わりに千鳥を乗船させるように丹左衛門に頼む。「恋焦がれていた女房の東屋が清盛に殺されたと思い、俊寛は絶望し、女房への愛を断ち切る。初代も若い頃は、そうやっていたはずです。僧というよりは政治家に近いと申しましたが、そこで初めて俊寛に仏心が生じる。自分にはもう夢はない。それならば、次代の若い人たちに夢を託し、瀬尾を殺して千鳥を自分の代わりにたて、赦免状の人数通りにして船に乗せようと決断します。とても現代的というか、心の動きを大事にする型がついております。それをうまくやらないとお客様に伝わらない。その気持ちをはっきりと表すには竹本と呼吸《いき》を合わせることが必要です」

初代がいかに竹本を大切に、また心理描写を重んじていたかがおわかりいただけると思うと吉右衛門は続けた。

「初代は魂で芝居をする人でした。口で言うのは簡単ですが、それをどうやるか。若い時は、悟る気持ち、自己犠牲の気持ちを出すのが難しいんですよね。自分が帰りたい方が先に立つ。そう思って、演じているわけではないのですが、どうしてもそういう雰囲気になってしまうんです」

弘誓の船が見えた

俊寛は三人と別れを惜しみ、船を見送るが、それではおさまりがつかず、「見えつ隠れつ汐曇り、思い切っても凡夫心《ぼんぶしん》」の竹本の詞章に合わせ、波打ち際に見立てた花道つけ際まで行き、船を追いかけようとする。だが都人らしい怯《おび》えが出る。足元に波が押し寄せるのでためらい、「おーい、おーい」と叫び続ける。そして岩組に上り、船を見送る。

「『思い切っても凡夫心』で追い駆けては行くものの、どうしようもない。都の人だから、水が怖いんです。それでも気付かずに夢中で進み、水にはまる。深みに入ろうとして波に押される。怖くなって段々に下がる。船が見えなくなったので、山に登り、大変な執着を持って遠ざかる船を見送ります」

初代吉右衛門は「幕切れは、新しく工夫を致し、今迄のは深い悲しみと共に岩山に上って船を見送るのが普通でしたが、私は悲しむ余裕もない程で、ただ茫然自失し、人間の抜け殻の様になって見送ることに致しました。手順から申せば、以前のは夢中になって岩山を上り、舞台が廻って道具止まり、松の木に手をかけ、それが折れておこつくのを木の頭、我に返って悲しみ乍ら見送って幕と云うのでしたが、私は岩山に上って行く中に舞台が廻り、松の木に手をかけても猶我に返らず、殆ど喪心の態で両手を差延べ、船は見送るでもなく、見送らないでもなく、無意識に手を差延べて泳がして居る中に幕と云う段取ですが、始めの頃は、それから又舞台を上手へゆっくり振って行く中に幕にしたり、木《ママ》なしの幕にしたりしたこともありました」と『吉右衛門自伝』に記している。上演の度に工夫を加えていたことがわかる。

　実父の初代白鸚は吉右衛門に「最後は石になるんだ」と幕切れでの心境を語った。

　一九五五年十一月に歌舞伎座で「俊寛」を演じた際に初代白鸚が語った言葉が「演劇界」（一九五五年十二月号）にあるので引用する。

「岳父（初代吉右衛門）が、幕切れの俊寛で諦めきれない執着の強さと深さを覘《ねら》った新しい行き方に工夫し変えた事は有名ですし、今度もいろ〳〵皆さんとも話し合ったのですが、若い人達は、岳父のこの行き方により多く同感出来るらしく、この方がいいと云っているのですが、私はよく考えて見るのに、矢ッ張、この作の覘いでは諦める方が本当だと思われますし、つまり、幕切れは最初の幕あきと同じ形の、ションボリとなるのが作の組立てなり覘いなりなのだと思い、諦めて独りポツンとなる解釈でする事にしました」

「石になるんだ」というのはそういうことなのだろう。

「どうしたら最後に石の如く見送るだけになるのか。若い頃にはなかなか演じ切れていなかったと思います。この頃は岩に上るだけでも、実際に急な階段なものですから息が切れて、上がった時には、欲も得もなくなるという言葉がございますが、そんな気持ちになっております」と吉右衛門。

吉右衛門は二〇二〇年十一月の国立劇場公演まで、数多く俊寛を演じた。その間には、超常的な体験をしたこともあった。

「岩の上で赦免船を見送った後に、上方から弘誓《ぐぜい》の船（菩薩が人々を彼岸に導く）のようなものが下りてくるのが見えました。船を見送った後に俊寛は息絶え、昇天するのではないか。以降はその解釈でやらせていただいています」

「一谷嫩軍記　熊谷陣屋」

一瞬だけの親子の感情

吉右衛門が雑談で、「何よりも好きな後世に残したい歌舞伎」を挙げたことがあった。筆頭が先に記した「俊寛」で、続いて口にのぼしたのが「熊谷陣屋」と「一条大蔵譚《いちじょうおおくらものがたり》」。というわけで、次は「一谷嫩軍記」の「陣門《じんもん》・組打《くみうち》」と「熊谷陣屋」を、残した言葉からたどる。

第一章で、吉右衛門がコロナ禍の最中に「一谷嫩軍記」を素材に作り上げた一人芝居「須磨浦」を紹介した。「一谷嫩軍記」は宝暦元（一七五一）年に人形浄瑠璃で初演し、のちに歌舞伎化された。全五段の中で、歌舞伎で多く上演されるのは、二段目の「陣門・組打」と「熊谷陣屋」である。

吉右衛門がこの演目で最初に演じたのは一九六七年二月、歌舞伎座公演の「陣門・組打」の小次郎と平敦盛であった。「熊谷陣屋」までの上演で、吉右衛門の実父、初代白鸚が通して熊谷直実を演じた。

源平の合戦で、源氏方武将の熊谷の子で初陣の小次郎は陣門から攻め入った。熊谷は、手負いとなった小次郎を救い出すが、この時に小次郎と平家の公達《きんだち》の平敦盛は入れ替わっていた。

熊谷は安徳帝《あんとくてい》の御座船に向かって騎馬で進む敦盛を呼び止め、二人は刃を交える。熊谷は敦盛を逃してやろうとするが、離れた場所からようすをうかがっていた源氏方の平山武者所が、助けるのは二心があるからだと声を上げ、また敦盛も早く打てと口にしたので、熊谷はやむをえず敦盛の首をはねる。

その時、横恋慕していた平山武者所に切られ、息も絶え絶えの玉織姫《たまおりひめ》が上手の蘆原《あしはら》から這い出てくる。玉織姫は許嫁の敦盛を慕い、戦場に来ていた。玉織姫は敦盛の顔を一目見せてくれと懇願する。姫の眼がもう見えないことを確かめてから、熊谷は首を見せてやる。やがて玉織姫は息絶える。

「悲劇ではありますが、それを前面に押し出さず、淡々としていながら詩情にあふれた素晴らしい演出です」と吉右衛門は演目への賞賛を惜しまなかった。

「美しい景色の中での悲劇というのが僕は好きで、小次郎も一所懸命にやらせていただきました。実父には、『この段の小次郎はあくまで敦盛として演じるが、熊谷と顔を見合わせる一瞬だけ、これから首を打つ父親も辛いだろうな、という思いを、ちらっと見せろ』と教わりました。小次郎は『陣門』では自分は動かずに乗っている馬に任せますし、『組打』では熊谷のやるに任せておけばいいので、難しいところはあまりありません。ですが、一瞬だけ親子の感情を出すというのが難しいと思いました。小次郎には敦盛と思わせて、お客様をだますという重大な責任があります」

敦盛は平経盛の子として育てられたが実は後白河法皇の落胤《らくいん》という設定で、小次郎との二役で演じるのが常である。この場面では小次郎が敦盛と入れ替わっているが、俳優はあくまで本物の敦盛として演じる。だがそこで一瞬だけ、小次郎の正体を見せるというのが初代白鸚の教えであった。

「敦盛として振る舞うので、後白河法皇の子という皇族の品を出さなければなりません。首を打たれてからが長いんです。以前に演じたどなたかが、寝てしまっていびきをかいた、という逸話が残っているほどです。僕は熊谷が実父でしたから、緊張してそれどころではありませんでしたけれどね。教わるというよりも見て覚えることが必要で、台詞は多くありませんが、一つひとつが大事だと感じました」

歌い過ぎてはいけない

「陣門・組打」の熊谷の初演は一九七六年十二月の帝国劇場。小次郎と敦盛は七代尾上菊五郎であった。

熊谷が敦盛と玉織姫の死を前にして口にするのが「いずれを見ても莟の花」という台詞である。若く前途ある二人が命を落としたことを悼《いた》む台詞だ。吉右衛門はこの台詞を大切にした。

「熊谷と小次郎、熊谷と玉織姫のそれぞれ二人だけでの芝居になります。熊谷も台詞が少ないんです。実父からは細かく教わりはしませんでしたが、この『いずれを見ても』の台詞だけは、繰り返し注意を受けました。最初から最後までのすべての感情がこの一言に込められている。何とも素晴らしい、まるで詩です。歌い過ぎてはいけません。それでいて気持ちを込め、並々ならぬ方たちが死んでいくのを悼む。しかも場面は須磨浦の白砂青松の絶景です。そのバランスが絶妙です。平山の横恋慕にも、いつの時代も変わらない人間の姿が現れています」

幕切れで熊谷は敦盛と玉織姫の遺骸を須磨浦から流し、その鎧と太刀を自身の馬に括り付け、首は母衣《ほろ》（鎧の背につけ流れ矢を防ぐ布）に包んで抱え込んで極まる。

敦盛と玉織姫の遺骸を一緒に盾に乗せ、玉織姫の薙刀《なぎなた》で盾を押して海に流し、合掌するのが初代吉右衛門以来の型だ。

「盾に二人の遺骸を乗せて流すのと同時に、若い二人の思いも乗せて流してやります。美しく悲しい熊谷の情です。ここで一番大事なのは竹本の三味線です。弾き方ですべてが決まります。三味線が悲しげな音色をうまく入れてくれると、とても素晴らしい場面になります」

この場に存在するのは熊谷と馬だけ。馬が重要な役割を果たす。歌舞伎の馬は前後に俳優が入って動かす。熊谷直実になると俳優の体重と鎧の重さをあわせれば百キロを優に超す重量だ。馬に入る俳優は熟練と体力を必要とする。

「敦盛の馬の仕事は歩くのと、須磨浦で波乗りをするぐらいですが、熊谷の馬は疾走して花道で波乗りをし、芝居の最後では、熊谷と同じように小次郎の死を嘆き悲しみます。泣いているような芝居をしてくれれば、熊谷は何もやらなくて済みます。この場面の熊谷は全部やり終えた虚脱状態のはずなので、先人は馬に芝居をさせたのだろうと推測します。熊谷と敦盛と玉織姫と馬。それだけの登場で芝居が成り立つ。そういう素晴らしい芝居の作り方は歌舞伎の手本として残していきたい。人物を際立たせるために『平家物語』を使っているのがすごいですよね」

花道の出で感じさせる無常

「熊谷陣屋」に話を移そう。この場の熊谷を吉右衛門は「初代中村吉右衛門十七回忌追善興行」（一九七〇年九月帝国劇場）で初演した。澤村訥升《とっしょう》（九代澤村宗十郎）の相模《さがみ》、十代市川高麗蔵の藤の方、二代中村又五郎の源義経、八代市川中車の弥陀六《みだろく》の配役であった。当時、実父の初代白鸚、その長男の六代市川染五郎（二代白鸚）と共に吉右衛門は松竹を離れ、東宝に籍を置いていた。

「熊谷陣屋」の上演に先立ち、初代吉右衛門の舞台を映画化した「熊谷陣屋」（一九五〇年、マキノ雅弘監督）から名場面をピックアップした上映があった。東宝の重役が、若い当代が演じる前に、初代の名演を見せるのは、比較されて損ではないかと口にすると、初代の弟の十七代勘三郎は「比べようがないから大丈夫だ」と返した。

「名前を継いだ以上、初代が一番あてた熊谷を受け継ぐのは宿命でしたからね。よくその時にできたなと思います」

その時の吉右衛門は二十六歳。当時を振り返っての「宿命」という言葉の重さに、少したじろいだことを覚えている。二十二歳での襲名から、もっと言えば初代の養子となった時点、さらにさかのぼれば、初代の孫として出生した瞬間から二代目吉右衛門という人は宿命を背負い、この時点ですでに自覚を深めていたのだ。

敦盛の身替りとして息子の小次郎の命を奪った熊谷は、生田の森（神戸市）にある自陣に帰る。陣屋には小次郎を案じて遠い道のりをやってきた熊谷の妻・相模がおり、また源氏方に追われて逃げ込んできた敦盛の母・藤の方が相模と再会し、匿われていた。

藤の方は後白河法皇の寵愛を受けて身ごもった後、平経盛に嫁して敦盛を産んだ。熊谷には朝廷警護の武士であった時に藤の方に仕える相模と恋に落ち、不義者として処罰されるところを藤の方に助けられて夫婦となった経緯があった。

陣屋に居合わせたのはそれだけではない。御影（神戸市）の石屋・弥陀六を詮議すると称して源氏の重臣・梶原景時《かじわらかげとき》が入り込んでいた。弥陀六の正体は元平家方の侍大将・弥平兵衛《やへいびょうえ》宗清《むねきよ》である。

そうと知らずに熊谷は花道から登場する。熊谷は愛しいわが子を殺した無常感にさいなまれている。花道では右手に持っていた数珠に、ちらっと目をやる。

「『熊谷陣屋』で一番難しいのは花道の出だとおやじ（初代白鸚）に教わりました。この出だけで、最後に僧となって陣屋を後にし、花道を引っ込むまでのすべてを表さないとだめだと言われました。しかし、無常を悟った人だと説明されても、当時の若い私に悟りの境地を表現できるわけがありません。ですが、のちにおやじの言ったことが確かだと思いました。出の姿をしている九代目團十郎さんの写真があります。目の大きな方だから余計にそう感じるのかもしれませんが、目が悟っているんです。無常を感じているんですよ。すごいんですよ。それは教えて教えられるものではないし、教わって教われるものでもない。もちろん、九代目さんだってお芝居をしているわけで、本当に無常を感じているわけではないでしょう。でも確かにそう見えるんです」

人物も情景も見える物語

傷心の熊谷が陣屋に戻ると、そこには前述のように予期せぬ人々が来ていた。

「女房の相模、藤の方、梶原がいるし、義経までも敦盛の首実検のために現れます。お客様はすべてをご存じですが、熊谷だけは知りません」

「陣門・組打」では観客をだまし、「熊谷陣屋」では観客にだまされろ、が初代白鸚の教えである。

熊谷は相模に気付くと、袴の前を両手ではたいて不快感を露わにする。

「帰ると相模がいるので驚き、藤の方が飛び出してくるので、またびっくりします」

熊谷が相模に敦盛を打った経緯を語るのを耳にした藤の方は、懐剣で熊谷に切りかかる。熊谷は藤の方を取り押さえるが、相模から藤の方だと正体を知らされると、大小の刀を投げ出して前に置く。

初代吉右衛門は、「大小を投げ出して前に置くのは、煙草盆を置く型もありますが、これは、前に相模が、熊谷の機嫌をとるのに、一服つけて出す為の出道具をこゝで利用する譯ですが、相模の煙草サアビスは何だか女郎めいてどうかと思ひますので、私は致しません」(『吉右衛門自伝』)としている。

熊谷は戦場で敦盛を打った経緯を藤の方に説明する。「物語」と呼ばれる場面だ。

「この時は、あくまでも小次郎のことを敦盛として語ります。義経から確かに敦盛の首だと承認を得るまでは、ばれないようにしようとしている。藤の方には、『戦って敦盛を殺しました』と言うのですが、相模には暗に、『小次郎を殺したんだよ』と背中で伝える。まあ、そう教わったわけではないのですが、僕はそう思ってやっていいます。熊谷の女房・相模に対する心遣いです。藤の方に対しては、息子(敦盛)を打って申し訳ない(実は助けているんですけれどね)と思っている。背後にいるはずの梶原は熊谷をちょっと怪しいとにらんでいるわけですから、それへの牽制《けんせい》もある。周囲への神経の使い方はなかなか難しい」

吉右衛門が「物語」で、しばしば引き合いに出したのが、若き日から初代の相手役を勤めた六代歌右衛門の言葉である。

「初代の『物語』では、登場人物や情景が実際に見えてきたとおっしゃいました。敦盛も平山も軍勢も船も見えたと。『物語』とはそういうものだということでした」

吉右衛門は、戦場でまみえた敦盛の凜々しさを表現する際の「中にひときわ勝《すぐ》れし」ではうっとりとした目になり、「けなげな若武者」では頼もしそうな表情をした。海に馬を進める敦盛へは「おーい」と三度呼びかけるが、声音《こわね》に変化がつき、二人の距離がはっきりと伝わった。歌右衛門の言による初代と同様に情景の見える「物語」であった。

絵になる制札の見得

そこへ義経が現れ、熊谷による「首実検」が行われる。一人芝居「須磨浦」の項で記したが、熊谷は義経から敦盛を助けるようにと暗に示唆されていた。その折に与えられた、「伐一枝者可剪一指（一枝を切らば一指を切るべし）」の高札は陣屋の脇の満開の桜の前に立てられていた。

「『仰せの通りにしましたよ、いかがですか』と義経に見せるのが肚です」

首桶から取り出された首が小次郎とわかって相模は悲しみ、藤の方は驚く。熊谷は引き抜いた高札を用いて、首の正体に気付いて駆け寄る相模を平舞台に降ろし、藤の方を制する。その際に、相模には「騒ぐな」、藤の方には「お騒ぎあるな」と声をかけ、藤の方も平舞台に降ろすと、高札の柄を左肩にあてて逆さに持ち、自身は屋体の上に立ち、高札を三段（階段）について、「制札の見得」をする。

初演の際に吉右衛門は初代の映画から音を取り、繰り返し聞いて勉強した。

「義経に気兼ねしつつ、相模に対して『騒がないでくれ』、藤の方に『待ってくれ』と心の中で願う、首実検での初代の熊谷の気の遣い方がすごいんですよ。全部に対しての芝居がある。音階も違えば、言い方も違う。『これはできないなあ』と思いました」と振り返ってくれた。

舞台面も考え抜かれている。

「三段のところに長袴の裾が流れ、熊谷を頂点に、相模と藤の方とがちょうど三角形になります。派手な見得で、盛り上がるようにできています。絵になるというか、よく考えられています」

高札を逆につくのは九代團十郎からの型で、初代も踏襲し、吉右衛門に受け継がれた。

吉右衛門は義経も何度か演じている。最後に勤めたのが二〇一六年十月歌舞伎座であった。熊谷は芝翫型で八代中村芝翫が勤めた。義経に敦盛の首を見せるために、陣屋を出ようとする熊谷を、奥から義経が呼び止める。姿が見えずに声だけが響くのだが、この「やあやあ熊谷、敦盛の首持参におよばず、義経これにて実検せん」の吉右衛門の一声が、高くまっすぐで戦場で武勲を立てた若き御大将そのものであった。首実検でも、詞章の「欣然《きんぜん》と実検ましまし」を体現する凜とした姿を見せた。「よくぞ討ったり」と熊谷を褒める台詞で声が一段と高くなり、相模を気遣っての「ゆかりの人もあるべし」の台詞には情感があった。

「この時の義経は絶頂期にありますが、この後落ちていきます。源氏の御大将としての貫目を出さなければならないし、平家と同じように滅んでいく悲しみ、源平の運命といいますか、熊谷とはまた違う哀れさもちらっと出せたらと考えます。そんなことを考えない演じ方もあると思いますが、僕はそういうことを含んだ一場面として演じています。運命のおもしろさを感じます」

話はかつて平家の侍大将であった宗清こと弥陀六に及んだ。

「宗清であった時代に助けた義経に平家が滅ぼされ、義経の温情で助けられた敦盛を自分が世話をしていくという人間のドラマもある。『平家物語』というものが、それを引き出せる作品だった。昔の方はすごいなと思います」

虚実皮膜の悲劇

首実検を終えた熊谷は、義経から出陣の用意をするように言われて舞台から退く。再び登場した熊谷は鎧兜に身を固めていた。だが、義経に仏門に入る許しを得ると、懐から切髪《きりかみ》を出し、鎧を脱いで兜を取る。熊谷は頭を丸め、墨染の衣をまとった僧の姿になる。

浄瑠璃では「有髪の僧」であったのを、丸坊主にし、花道の入りを付けたのは九代團十郎の工夫である。

「花道からの出と同じに無常を悟った感情にまた戻っていけばいいわけです。兜を取り、丸めた頭を見せた瞬間、演じていても肩の荷が下りたような気持ちになります」

吉右衛門も踏襲する九代團十郎型は熊谷が花道の引っ込みを見せる。花道のすっぽん（七三の場所にあるセリ）あたりで、義経が掲げた小次郎の首を熊谷は立ち止まって見つめ、「今は早、なに思うことなかりけり、弥陀の御国へ行く身なりせば」と言い、「十六年はひと昔」と続け、「ああ夢だ、夢だあ」と口にする。熊谷が胡座《あぐら》をかいて笠を被ると幕が閉まる。立三味線が登場し、その演奏に合わせて熊谷は右手に杖、左手に笠を持って花道を歩き出すが、陣鉦《じんがね》の音が聞こえてくると反応し、笠を深々と被り、首を縮めるようにして足早に揚幕に入る。

「僧体になってからの方が、ボロボロ泣いているし、人間的なんですよね。そして陣鉦に反応します。いくら悟ったからと言っても、武士の魂はそう簡単には捨てられない。どこかに残っていて、音を聞いたら身構える。実際はどうだかわかりませんが、熊谷直実という男に、こういう一面があったのかと感じさせるリアルさがある。九代目團十郎さんの工夫でしょうか、幕外を付けたのは素晴らしい演出だと思います。悟った人が人間の世界に戻り、藤の方のためにいろいろやって、首実検という現実的なことも行い、また俗世から離れていく。とても素晴らしい人間を描いている。シェークスピアにも勝るとも劣らないと自負していいんじゃないでしょうか」

吉右衛門は「心理劇をやっているようだ」と表現した。

「ただし、それが過ぎてはだめなんですけれどね。あくまでも歌舞伎でなくてはならない。ただただゆっくり歌舞伎でございい、とやっているのではなく、といってリアル過ぎもせず、要するに虚実皮膜というか。ある人が、タイムマシンに乗って熊谷の陣屋を覗いたら、こんな事件が起きていたという感じでしょうか。源平の合戦の裏に、こういう悲劇があったというように初代はやりたかったと思うんですよ」

竹本葵太夫には吉右衛門が熊谷を勤めた「熊谷陣屋」の竹本を担当した時の思い出がある。二〇一〇年四月の「歌舞伎座さよなら公演『御名残四月大歌舞伎』」の第一部の中幕であった。

「千穐楽の前日でした。あまりいろいろなことをおっしゃらない方なんですが、『もうちょっと熊谷らしく、大きく語っていただきたい』と言われました」

初日は四月二日、千穐楽は同二十八日。葵太夫への発言は同二十七日であった。残されたのはわずか一日。

「私なりに研究し、『熊谷陣屋』の語りも何度か経験がありました。お言葉をいただき、さあ、どうしたらいいのだろうと考え、播磨屋さん（吉右衛門）の熊谷の『物語』のブロマイドを一枚買って、ずっと見ていました。結局どうしようもなくて、千稚楽を勤めました。終演後に、『またお願いしますよ』とおっしゃってくださいました」

それから三年が経ち、新開場の歌舞伎座で葵太夫は再び、吉右衛門の「熊谷陣屋」を語ることになった。

「建て替えの間に考えていて気付いたのが、義太夫節で規定されている熊谷の人物像と、二代目吉右衛門が演じる熊谷は違うんだということです。播磨屋さんの熊谷を語らなければならない。当然なんですが、それに思い至りました」

典型のひとつが熊谷の花道の出だという。

「呆然とした感じで、ゆっくりと思いをたたえて登場される。そこで義太夫節を語ろうと思わずに、播磨屋さんの気持ち、感情をこちらで息に乗せて出せたらどうかと考えました。その公演では、千稚楽になっても播磨屋さんは何もおっしゃいませんでした」

「一條大蔵譚」

ハムレットのような心境

「一條大蔵譚」は享保十六（一七三一）年に人形浄瑠璃で初演された「鬼一法眼三略巻」の四段目にあたる。「残したい歌舞伎」として吉右衛門があげた三作の中では最も早い一九六〇年三月に、実兄の染五郎（二代白鸚）と萬之助を中心とした、一門の弟子の勉強会でもある「木の芽会」で、主役の一條大蔵長成《ながなり》を演じた。十五歳の若さであった。

平家全盛の世。長成は清盛の命令で常盤御前《ときわごぜん》を妻に迎え、世間の笑いものになっていた。常盤御前は平治の乱で清盛に滅ぼされた源義朝の妻で、源牛若丸（義経）の母。義朝の死後、清盛が自身の妾《めかけ》とした。源氏再興をもくろむ牛若丸の家来・吉岡鬼次郎《きじろう》は妻のお京と共に、常盤御前の本心を探ろうとしていた。

これも初代吉右衛門が得意とし、「大蔵卿は私の出し物の中では一番好きな狂言でございます」（『吉右衛門自伝』）と記されている。

長成は源氏に心を寄せる本心を隠すため、愚かなふりをして暮らしていた。吉右衛門はその心境をいつもシェークスピアのハムレットにたとえた。デンマークの王子、ハムレットは前王であった父の亡霊から弟で現王のクローディアスに毒殺されたと告げられる。ハムレットは身を守るために心を病んでいるように装い、王を討つ機会をうかがう。

「今のハムレットのような心境を取り入れた大蔵卿は初代の型・演出でございます。初代から（十七代）勘三郎のおじに伝わり、私がその教えを受けました。やればやるほどおもしろみや初代のことを考えさせられる芝居ですので、役者が楽しんでやらなければだめだなと思います」と吉右衛門。

吉右衛門は生涯に十度以上、長成を演じた。

「年を経れば経るほど、こういう意味合いもあるんだ、と台詞の深さがわかってきました。それをどうお客様に伝えたらいいのか。あまり説明的な芝居をしてはいけないし、かといってお客様に大蔵卿の気分をわかってもらわないといけない。その兼ね合いです。最初はそういう部分に気付きませんでしたが、回数を重ねるうちに段々にわかってきました」

愚かさを装う「物語」

「檜垣《ひがき》」で舞台中央の大門から登場した長成は、幼児のようににっこりと笑い、長成の館に潜入しようと奉公を願い出るお京の舞に見とれて床几《しょうぎ》から転がり落ちる。

長成は花道を入る際に七三で、自分が連れて出た仕丁《じちょう》（供）の数を手前から数え、門の傍に立つ鬼次郎と一瞬だけ目を合わせる。

この時、長成は檜扇《ひおうぎ》で顔を隠す。ここでちらっと本性を現す俳優もいるが、吉右衛門はさりげなかった。

「奥殿《おくでん》」は長成の館が舞台となる。妻のお京から常盤御前が楊弓《ようきゅう》（弓遊び）をして浮かれていると聞いた鬼次郎は館に入り、常盤御前を打ち据える。だが常盤御前は楊弓の的の中に清盛の絵姿を忍ばせて調伏《ちょうぶく》していた。ようすを盗み見ていた長成の家来・八剣勘解由《やつるぎかげゆ》は清盛に知らせようとしたところを背後から薙刀で切られる。そこには長成の姿があった。

長成は颯爽《さっそう》と現れ、自分は本心を隠すために愚かなふりをしていると打ち明ける。

「ハムレットは、悩む場面をお客様に見せますが、大蔵卿には悩む場面がない。まことの姿をふわっと見せるところはありますが、決して悩みはしない。ですから台詞で悩みを出せたらと思うんですよ」

長成は自身が源氏にゆかりがあるので、「文武の道を表に出さず」愚かさを装っていたと打ち明け、「物語」になる。源為義・義朝親子の最期を語り、常盤御前を貞女と褒める。長成は鬼次郎とお京の前で愚かなふりときりっとしたところを交互に見せ、最後にはまた愚かなふりに戻る。その際に口にする台詞が「命長成、気も長成、ただ楽しみは狂言、舞」だ。

吉右衛門は偽って生きる自身を表現する「若年よりのつくり阿呆」で笑いをもらし、諦念を感じさせ、「物語」では勇壮な姿を見せた。再び阿呆に戻る「命長成……」での変わり方も鮮やかであった。

自分を振り返る余裕が生まれて

吉右衛門の話は、この台詞から歌舞伎と西洋演劇の違いに及んだ。

「わが身をあざける台詞ですが、その中にはハムレットの『to be, or not to be, that is the question.（生きるべきか死ぬべきか、それが問題だ）』もあると思うんですよ。愚かな真似をしていないで戦いに行って討ち死にし、自分をこの世から抹殺した方がいいのではないか、という悩みみたいなものも、その台詞の中には入っていると思います。ただ、それを実際に口にしてしまったら歌舞伎ではなくなります。それを言わずに、違う言い方でお客様に伝えることができ、『ああ、こんな才能のある貴公子が阿呆のふりをして生きていかなければならなかったのか。さぞ苦しいだろうな』と、じんとしていただければと思います」

十七代勘三郎の指導を受けた時のエピソードもおもしろい。

「十五歳ですから、まだ子役の頃。そんな大役をするのも初めてでした」

勘三郎が言う台詞を、正座をしながら何度も繰り返すうちに「しびれるのを通り越し、足が痛くなってきて思わず涙を流してしまいました」。

それを見た勘三郎は吉右衛門がうまくできないので悲観して泣いたと勘違いをした。

「『ああ、いいんだよ。今にうまくなるからね』とおっしゃってくださいました」

やがて一條大蔵長成は吉右衛門の当たり役と言われるようになる。

「最初は散々でしたが、やがて歌舞伎座でもできるようになりました。いつだったか、どなたかが『この大蔵卿は素晴らしい。右に出るものがない』と評してくださった。

それを読んだ中村屋のおじ（十七代勘三郎）が、『なに、右に出るものがいないなら、俺が左に出てやろう』とおっしゃったそうです。昔の役者さんらしい言い方ですよね」

七十歳を過ぎて長成を演じた時、気付いたことがあったという。

「最初の頃は、教わった通り、言うならば、一点を見つめてするだけで精一杯でしたが、自分のものになってくると、ふっと横を向く余裕ができ、違うものが見えてきた。自分を振り返る余裕ができました。これから味とかそういうものを出せる域に行けるのではと考えています」

「籠釣瓶花街酔醒」

歌右衛門直伝の「見染め」

「籠釣瓶花街酔醒《かごつるべさとのえいざめ》」の佐野次郎左衛門《じろうざえもん》を吉右衛門が初演したのは一九七九年六月の新橋演舞場で、相手役の八ツ橋《やつはし》を当たり役とした六代歌右衛門からの指名であった。八ツ橋は歌右衛門が勤めた。

河竹黙阿弥の弟子・三世河竹新七作で、初上演は明治二十一（一八八八）年五月。次郎左衛門は初代市川左團次、八ツ橋は五代歌右衛門が演じた。

通し上演すれば妖刀・籠釣瓶（村正）をめぐる因果話だが、主に上演されるのは吉原の傾城《けいせい》・八ツ橋と彼女にほれ込んで通い詰めたあげく、袖にされて凶行に至る次郎左衛門の悲劇である。次郎左衛門に嫉妬した愛人の栄之丞《えいのじょう》に迫られ、八ツ橋は次郎左衛門に愛想尽かし（縁切り）をする。自尊心を傷つけられた次郎左衛門は八ツ橋を殺害する。

次郎左衛門は初代吉右衛門が得意とした役のひとつで、野州・佐野（栃木県佐野市）の富裕な絹商人だが、顔にひどいあばたがあり、女性に好かれないという設定だ。元は初代左團次の当たり役を初代吉右衛門が演じることになった経緯は、「お前にもできるものだからと、強ってのお勧めに、怖々乍ら勤めた様な譯でございます」と『吉右衛門自伝』に記されている。

初代の次郎左衛門で六代歌右衛門は八ツ橋を度々勤め、その後も初代白鸚や十七代勘三郎を相手役に演じ、生涯の当たり役とした。吉右衛門はその六代歌右衛門に指導を受けた。

「若い人に次郎左衛門を覚えておいてもらおうということだったのでしょう。歌右衛門のおじさまは初代の大抜擢で八ツ橋を演じた方です。その恩返しというお気持ちもおありだったと思います。『おじいさん（初代）はこうやっていたよ』と着付けに至るまで細かく教えていただきました。実父（初代白鸚）の次郎左衛門と初代の演じ方は違う、とも言われました」

初めて訪れた吉原で、次郎左衛門は八ツ橋の花魁《おいらん》道中に遭遇し、その美しさに魅了される。

新吉原仲の町の夜景色。両側に茶屋が並び、軒には提灯が下がる。そして満開の桜。

そこに花道から傾城・九重《ここのえ》の行列が現れ、次郎左衛門が豪華さにあっけに取られていると、桜の後ろから八ツ橋の行列が登場する。「見染め」と呼ばれる場面だ。

「最初に八ツ橋についている禿《かむろ》に目が行き、かわいいなと思って後ろに下がると、どーんと何かにぶつかる。何だろうと上を見あげると、ものすごく綺麗な人がいた。それが八ツ橋だった。ただ下がるだけでは駄目なんですよ。後ろを見られないので、うまく間合いを計らないといけません。稽古で歌右衛門のおじさまがやって見せてくださいました」

次郎左衛門は硬直したようになる。花道まで行って次郎左衛門に気付いた八ツ橋は嫣然《えんぜん》と微笑みかける。

吉右衛門の次郎左衛門は、八ツ橋の俎板帯《まないたおび》に留めた視線を次第に上に移して顔に至り、わなわなと震え、後ずさり、その後も食い入るように見つめた。それほどに美しい女性に生まれて初めて遭遇したという驚きにあふれた姿が忘れ難い。花道の八ツ橋の微笑みに対しては、口を半開きにしたまま固まり、息をついて、誰に言うとでもなしに「宿に帰るのが嫌になった」と口にした。真っすぐな反応が八ツ橋の美しさに呼応した。

「歌右衛門のおじさまの花道での笑いは、燦然《さんぜん》と絢爛《けんらん》と輝くっていうのはああいうことなのかな、と思うようなものでした。おじさまは『見染め』は誰でもできる。その次の『立花屋見世先』が一番難しいんだとおっしゃいました」

初代から伝わる「縁切り」

八ツ橋にほれ込んだ次郎左衛門は足しげく吉原に通い、秋頃には廓《くるわ》でも、その名を知られるようになっていた。その日は佐野の絹商人仲間二人を連れて馴染みの引手茶屋・立花屋を訪れた。自分がいかに吉原に通じ、全盛の八ツ橋に好かれているかを二人にひけらかしたい気持ちがある。廓に慣れたところを示そうと、八ツ橋といえども傾城は「売りもの、買いもの」であると心にもない表現までして虚勢を張る。だが八ツ橋からの吸付け煙草は押し頂いてしまう。

身についた遊びではないところを一つひとつの動きで吉右衛門は納得させた。

「ちょっと遊び慣れてきたけれど、所詮は地方から出てきたお大尽《だいじん》です。思わず笑ってしまうような人の好さと、八ツ橋に首ったけというところを見せます」

次郎左衛門は八ツ橋を妻にしたいと願い、身請け話も進んでいた。だが、八ツ橋の親代わりであるごろつきの釣鐘権八《つりがねごんぱち》はおもしろくない。八ッ橋の愛人で浪人の栄之丞をたきつけて、八ツ橋に次郎左衛門への縁切りを迫らせる。

揚屋《あげや》の兵庫屋にある「八ツ橋の部屋」で、作品の眼目である八ツ橋から次郎左衛門への「愛想尽かし」が、絹商人仲間の二人や八ツ橋の朋輩・九重、太鼓持ちらのいる中で行われる。

「まさか、客を楽しませる商売の花魁（傾城）が、同業者の前で自分を辱めることはないだろうと次郎左衛門は思っています。もてるところを見せたいと二人を連れてきたのに、最初はびっくりしたでしょう。八ツ橋を早く帰そうとしますが、あちらは縁を切れと間夫《まぶ》（栄之丞）に迫られているから、『あんたなんか嫌いなんだよ』ということを、はっきりと言ってしまう。『縁切り』の時は、吉原の揚屋で騒いだら恥になるという旦那衆であることを出せ、と歌右衛門のおじさまに教わりました。そなだめてなんとか無事におさめたいという感情ですね。初代は台詞の名人でした。八ツ橋をの時の台詞を実父も教えてくれましたし、歌右衛門のおじさまも、『ここはゆっくり、ここは速くトントンと運ぶように』と細かく教えてくださいました。おじさまの八ツ橋は、惚れた男に言われたのだからどうしようもない、という申し訳なさを出していらっしゃいました」

がらりと変わる刹那

次郎左衛門は仲間の二人にも侮辱されて打ちひしがれ、「花魁、そりゃあんまり袖なかろうぜ」と八ツ橋に訴える。

その台詞に吉右衛門の次郎左衛門は悲しみを出し、身請けができる喜びに満ちていた前夜の胸中を語る「昨夜も宿で寝もやらず」には切なさを感じさせた。

初代は「例の有名なクドキの『花魁それァつれなかろうぜ』の件で哀れさを、皆々引込んだ後で、立花屋女房や八ツ橋の朋輩女郎九重とだけになり、そこで暇乞をする件で、グッと淋し味を出す様にして見ました」と『吉右衛門自伝』に記している。

「座って喋っているだけの場面ですが、『そりゃあんまり袖なかろうぜ』の台詞が届いていれば、最後に残った人たちに『ありがとうございました』と言って泣き伏すところで、お客様にも『かわいそうだ、なんでこんなひどいことをされなければならないんだ』と思っていただけるはずです。届いていないと、単に振られた男としか思えなくなってしまいます。そこが難しいんですよ」

同じ年の暮れに次郎左衛門は久々に立花屋を訪れ、八ツ橋を呼ぶ。二人だけになったところで、次郎左衛門は籠釣瓶で八ツ橋を切り殺す。

「中村屋のおじ（十七代勘三郎）は、最初から斬ろうという怖い顔をして出て見えました。歌右衛門のおじさまからも親父（初代白鸚）からも、『初代は以前のことは忘れて、遊びに来たという風にやっていた』と教わりましたので、僕もそれで勤めております。最初はニコニコしている。だから皆も油断して八ツ橋と二人だけにする。盃事でガラッと変わり、急に怖くなるんです」

吉右衛門の次郎左衛門は、この言葉通りに刹那まで殺意を微塵も見せなかった。それが八ツ橋に盃をさしての「この世のわかれじゃ、呑んでくりゃれ」の台詞を凄みに言ってがらりと変わる。床の間に置いていた持参の風呂敷包みから刀（籠釣瓶）を取り出し、逃げようとする八ツ橋の裾を踏んで動けないようにして一気に切り下げた。最後の「籠釣瓶はよく切れるなあ」の次郎左衛門の台詞は陶然《とうぜん》としたように聞こえた。

初代が次郎左衛門を演じた際のエピソードをひとつ。同じ楽屋で鏡台を並べていた吉右衛門は、次郎左衛門の顔のあばたを描く手伝いをした。

「私が後継ぎになったのがうれしかったんでしょうね。『坊よ、描いておくれ』と言われました。竹の筆の後ろに茶墨を付けて、ぺたぺたと判子のように顔につくんです。丑之助がいたら、やってもらおうと思っています」

二〇二〇年三月の新橋演舞場公演の「籠釣瓶」で吉右衛門が次郎左衛門、菊之助が八ツ橋を演じる予定であったが、コロナ禍で中止となり、丑之助の手伝いも実現しなかった。

「梶原平三誉石切」

人物の大きさを示す播磨屋型

「役者ぶりで見せる芝居」と吉右衛門が評したのが「梶原平三誉石切《かじわらへいぞうほまれのいしきり》（石切梶原《いしきりかじわら》）」である。

享保十五（一七三〇）年に「三浦大助紅梅靮《みうらのおおすけこうばいたづな》」の題で人形浄瑠璃として初演され、

間もなく歌舞伎に入った。五段からなるが、歌舞伎で主に上演されるのは三段目部分の「石切梶原」と通称される場面。敵役として扱われることの多い鎌倉武士・梶原平三景時の颯爽ぶりが描かれる。

鎌倉・鶴ヶ岡八幡宮の社頭で、平家方の重臣・大庭三郎に六郎太夫《ろくろだゆう》と娘の梢《こずえ》が刀を売りに来る。居合わせた梶原は刀の鑑定を依頼されて名刀と見極めるが、大庭の弟、俣野五郎《またののごろう》は切れ味を試すように勧める。試し切りできる罪人は呑助ひとりしかおらず、六郎太夫は自身を試し切りに、と申し出る。梶原が二人を重ねて試し切りをするが、切られたのは呑助だけであった。大庭兄弟が去った後、梶原は親子の前で石の手水鉢を真っ二つに切り、刀は自分が買うと申し出る。梶原は六郎太夫の命を助けるためにわざと切り損じていた。

初代が播磨屋型を作り上げた作品で、「一生の中では一番数多く出して居るのではありますまいか」と自身が述べている。

「本文では星合寺境内の場とあって、お寺なのですが、私は鶴岡八幡宮境内の鳥居前でやって居ります。これは大体江戸向きなやり方なので、上方では、先代の鴈治郎(筆者注・初代中村鴈治郎)もその様に、本文通り星合寺でする事が多いそうですが、私は、ものがこういう見た目本位の派手なものなので、原作に拘泥らず、梅の釣枝など日覆いから釣下げて華やかな場面に致しております」（『吉右衛門自伝』）とある。

吉右衛門の初演は一九七五年三月の京都・南座。

「私のような理屈っぽい者には、最も不得手な作品ですが、何とかやらせていただいております。源義経を追いやったとされている梶原は、判官びいきの影響で、悪い奴というイメージを付けられ、ほとんどの芝居で敵役として描かれます。ですが、実は源頼朝が挙兵で負けた時に助けている。人への目利きが、刀の鑑定の目利きにも通じているわけで、そこが重要なんでございます。おもしろいのはいまどきは見ることのできない、二人の人間の体を重ねて切る二つ胴や手水鉢を切るところです」

播磨屋型では梶原は花道から登場し、手水鉢は客席に背を向けて切る。手水鉢に濡らした袱紗《ふくさ》をあてるのは、武道家の中山博道から初代が聞いた試し切りの作法にのっとっているからだという。

「手水鉢を切るところでは竹本（義太夫）が大事です。後ろ向きですので、竹本にまかせてやっています。義太夫を大切にした初代らしいやり方ですね」

幕外で、六郎太夫に刀を持たせ、梶原が手ぶらで引っ込むのも初代の工夫だ。

吉右衛門の梶原は気持ちの変化が鮮明で、俣野をたしなめるところなど、随所で人物の大きさを示した。また刀の鑑定では刀身を見る目つきが鋭く、流れに無駄がなかった。刀を褒める「あっぱれ稀代の剣」と一息に口にするところに武将としての鋭さが出た。爽やかな梶原であった。

「勧進帳」

主人公であるが家来

吉右衛門が八十歳で演じることを目標に掲げていたのが「勧進帳《かんじんちょう》」の弁慶であった。「弁慶という人物が好きなんです。主人（源義経）に対する愛情に心惹かれます」と語っていた。

能の「安宅《あたか》」を原作にした市川團十郎家の家の芸「歌舞伎十八番」物だが、今のような人気作品になったのは生涯に千七百回以上演じたといわれる七代松本幸四郎の功績が大きいだろう。七代幸四郎は吉右衛門の父方の祖父である。

一九四三年十一月に歌舞伎座で収録した七代幸四郎の弁慶、十五代市村羽左衛門の富樫左衛門《とがしさえもん》、六代尾上菊五郎の源義経の配役による映画が残る。この映画には吉右衛門の実父初代白鸚も駿河次郎《するがじろう》で出演している。

兄・源頼朝に疎まれた義経と弁慶主従は山伏姿となって都落ちをし、富樫左衛門が守る安宅関（石川県小松市）に至る。義経の詮議を命じられていた富樫は一行のようすに不審を抱く。

初代は富樫を得意としたが、弁慶も一九三〇年を皮切りに数度演じている。七代幸四郎の師である九代團十郎の長女、二代市川翠扇《すいせん》と次女旭梅《きょくばい》に習ったという。

実父初代白鸚は、初代の通りに吉右衛門に伝えた。吉右衛門は一九七〇年七月に国立劇場小劇場で催された「木の芽会」で初めて弁慶を勤めた。富樫が六代染五郎（二代白鸚）、義経が松本錦吾の配役であった。

本興行での初演は一九七二年十月の歌舞伎座で、父方の従弟にあたる十代市川海老蔵（十二代團十郎）、初代尾上辰之助と弁慶、富樫、義経の三役を交代で勤めた。

舞台は安宅関で、義経主従は花道から登場する。最初に義経、続いて亀井六郎、片岡八郎、駿河次郎、常陸坊海尊《ひたちぼうかいそん》の四天王が山伏姿で現れ、最後に弁慶が姿を見せる。

「出の前の楽屋から緊張します。難しいのは弁慶は主人公ではあるが、家来だということ。四天王と同じ立場なんですよ。ですから威張って出ていくわけにはいかない。といって人物が小さかったら困る。大きさはあるが家来でなければいけません。初代のやり方は能がかりで、花道で弁慶は座りません。ですが、幸四郎のおじいさんは映画を見ても、あの年（当時七十三歳）で義経の前に跪《ひざまず》いています。そこが家来であるというひとつのポイントかなと思い、ある時から私も座るようになりました」

人間力が必要な役

義経主従を捕らえるように、鎌倉殿（頼朝）から命じられているので、山伏は関を通せないという富樫に対し、弁慶は最後の勤めをしたいと申し出る。

弁慶を中に四天王は四方に座って祈り（ノット）を捧げる。その姿に感じ入った富樫は弁慶に勧進帳を読み上げるように命じる。その次が「問答」。山伏について富樫が質問し、弁慶が応じる。二人が呼吸《いき》を合わすことが必要になる。

「何を言っているのか細かい内容はわからなくても、映画で見る幸四郎のおじいさんと十五代目（羽左衛門）の問答はおもしろいですね」

吉右衛門は七代幸四郎の自伝『芸談一世一代』（右文社／一九四八年）にあるエピソードを紹介してくれた。

「ある日、幸四郎のおじいさんが、『問答』での弁慶の調子が高く上がり過ぎて困っていたら、察した十五代目が、とても柔らかく『勧進帳聴聞の上は何の疑ひもあるべからず』で落としてくれたので、おかしくならずに助かったと。ただ声を張っているように見えてもそうではないんです。十五代目と幸四郎のおじいさんは同じ方向を見て演じていた。芝居は自分だけよければいいものではない。相手の声が出そうにないと思ったら、ちょっと抑える。そういういたわり合いが演劇の中にはあるのでは、と思いました。自分だけが拍手をもらえればいいというものではない。舞台に出ているみんなが一丸となって初めてお客様が感動できるのではないでしょうか」

富樫は関の通過を許す。だが一行が花道に向かうところで、再び呼び止める。強力《ごうりき》姿の義経が疑われたのだ。弁慶は富樫の疑念をなんとか晴らそうと義経を従者として打ち据える。「杖折檻《つえせっかん》」と呼ばれる場面だ。

「富樫が、『ここまでして主人を助けたいのか。自分が腹を切ってでも、これは見逃してやろう』と思うようになる演技をしなくてはいけない。難しいですね」

心を動かされはしたが、それでも通行を許さない富樫に四天王は詰め寄ろうとし、弁慶は金剛杖を横にして必死に抑える。

「騒動を起こしたら元も子もない。『俺がなんとかするから』となります。僕は金剛杖を、四天王を止める時は下から持ち、富樫を押していく時は左手で上から、右手で下からに持ち替えています。何かあれば、いつでも富樫を攻撃できる、という気持ちの表れた形です。映画では、幸四郎のおじいさんの弁慶と四天王は下手から上手へ全部が一緒に動いている。綺麗なんですよ。僕もそうやりたいですが、それには弁慶をやる人間に力が必要です。『この人についていけば』という感じにならなければだめです。役者だけではなく、鳴物、長唄、みんなが呼吸を合わせている。それもオーケストラのようにタクトを振る人がいるわけではない。自然に芯の俳優に合わせているんです」

それならば強力を打ち殺すという弁慶の言葉に富樫は感じ入り、通行を許してその場を去る。

息を止めての「六法」

義経は弁慶に感謝を表し、手を差し延べる。弁慶は両手をついて泣く。「判官御手を」と通称される場面だ。義経は自身の境遇を嘆き、弁慶は平家追討の頃の戦に明け暮れた日々を「物語」で見せる。

「いい曲がついていています。作曲、作詞ともすごいなと思います。私たちも匹敵するようなものを作らなければいけないんですけれどね」

富樫が再び現れ、一行をもてなそうという。弁慶はもてなしに応じて酒を飲み、「延年の舞」を舞い、その間に自分以外の一行を逃す。見届けた後に、自身は右手と右足、左手と左足を交互に出してトントントンと跳ぶのを繰り返す「飛び六法」で花道を入る。

「芝居では、みんなを見送って良かった、やっと関を抜けられる、となりますが、実際は、一番息が上がってこれからが大変、というところですね。芝居は普通、最高潮からなだらかに落ちていきますが、『勧進帳』は違います。『問答』『詰め寄り』があって、義経と落ち着き、富樫に別れを告げて、下がってくるのかと思うと、また上がる。右肩上がりです。他のお芝居にはありません。最後の『六法』は、自覚はしていませんが、息を止めて勤めているような気がします」

吉右衛門の弁慶は豪快で勇壮な中に、すべての人物に神経が行き届いていた。大きさと繊細さを兼ね備えた人物像になっていた。

「仮名手本忠臣蔵」

「由良之助役者」を生む名作

ここでは義太夫物の三大名作への吉右衛門の芸談を紹介したい。

最初が「仮名手本忠臣蔵」。上演すれば必ず大当たりをとるというので、気付け薬として用いられた煎じ薬に喩え、「独参湯《どくじんとう》」とも呼ばれた人気作品である。

赤穂浪士が主君、浅野内匠頭《たくみのかみ》の仇、吉良《きら》上野介《こうずけのすけ》を討った元禄十五（一七〇二）年の仇討ち事件が題材で、寛延元（一七四八）年に人形浄瑠璃として大坂・竹本座で初演された。

時代を江戸から室町に移して「太平記」の世界に擬し、内匠頭を塩冶《えんや》判官、上野介を高師直《こうのもろのお》、仇討ちの指揮を執った元家老・大石内蔵助《くらのすけ》を大星由良之助と名を変えてある。

十一段構成を取る。人気場面を中心にあらすじを紹介しよう。

最初が「大序《だいじょ》」で、鎌倉・鶴ヶ岡八幡宮が舞台。足利方に敗れて戦死した新田義貞の兜を確認するため、生前の義貞を知る判官の妻・顔世御前が呼び出される。執権の師直は顔世に言い寄るが、見かねた桃井若狭之助《わかさのすけ》に妨げられる。

「三段目」は足利館。師直は恋の遺恨から判官に嫌がらせをして切りつけられ、判官は桃井家の家老・加古川本蔵《かこがわほんぞう》に取り押さえられる。「四段目」は「塩冶判官切腹」と「表門城明け渡し」。「五、六段目」は腰元のおかると忍び逢っていたため、主君・判官の危難に後れを取り、おかると駆け落ちした塩冶浪人・早野勘平の悲劇。「七段目」は「祇園一力茶屋」。「八段目」は本蔵の妻・戸無瀬《となせ》と娘・小浪《こなみ》の道行を描いた舞踊。小浪は由良之助の子、力弥《りきや》の許嫁である。「九段目」は山科（京都府）の大星家を舞台にした本蔵一家の悲劇。「十段目」は塩冶浪人に肩入れする天河屋義平《あまかわやぎへい》の活躍。「十一段目」は師直邸への浪士たちの討入り。

判官、若狭之助、勘平、寺岡平右衛門、本蔵、由良之助と、二枚目から敵役まで魅力的な立役が多く登場する。

中でも由良之助は、舞台ぶりの大きさを必要とする座頭役で、演じるにふさわしい俳優は「由良之助役者」と表現されるほどだ。実父の初代白鸚、祖父の七代幸四郎、養父の初代吉右衛門、そしてもちろん吉右衛門も、この称号にふさわしい俳優であった。

初代白鸚の教えで初の由良之助役

「仮名手本忠臣蔵」への吉右衛門の初出演は、一九五四年十二月、歌舞伎座での吉右衛門劇団による通し上演であった。初代の没年でもある。

第一部は大序から四段目までに舞踊「道行旅路の花聟《はなむこ》（落人）」を付け、第二部は五段目から八段目までに、十一段目の「討入り」と「引き揚げ」が付いた。由良之助は初代白鸚（当時幸四郎）で、萬之助を名のっていた十歳の吉右衛門は「討入り」に登場する師直家の茶道春齋《しゅんさい》という小坊主を勤めた。

「（二代）又五郎のおじさんの千崎弥五郎《せんざきやごろう》と立ち廻りをしました。最後は春齋が打たれ、弥五郎がかわいそうなことをしたという思いで次に向かいます。その頃の歌舞伎芝居は、『そそり』と言って千穐楽に、お客様を楽しませるために、普段と異なるおもしろいことをしたものでした。その興行では楽の日に、弥五郎に切られても春齋が死なないようにしました。又五郎のおじさんは、びっくりされていましたが、春齋が死なずに弥五郎を追っ駆けていくので、お客様には大うけでした。子供でしたが、立ち廻りに参加したこともあって四段目の『判官切腹』と『城明け渡し』、五、六段目など、とてもおもしろく拝見しました」

由良之助を初めて演じたのは、一九八三年十二月の歌舞伎座「花形歌舞伎」。当時の花形俳優が主要な役に挑んだ。

吉右衛門は「大序」と「三段目」の若狭之助、「四段目」の由良之助、「五段目」の斧定九郎《おのさだくろう》、「七段目」の平右衛門《へいえもん》を演じた。由良之助では初代白鸚の指導を受けた。

「四役の中で苦労したのは、やはり由良之助でした。何もやることがないし、座頭役でしょ。手も足も出ませんでした」と振り返った。

『忠臣蔵』で最初に塩冶浪人の気持ちを示すのが『四段目』です。判官の切腹の後、周囲の誰にも知られないようにつとめながら、浪士たちは自分たちのお腹の中だけに思いをおさめ、ずっと耐えて討入りまでもっていく。その始まりです。でありながら、役者としては、何をやっているのか、お客様にわかるように演じなくてはならない。『わからせて、わからないように』と複雑です」

共感を呼ぶための役者の技量

「塩冶判官切腹」では、殿中で師直に切りつけた責めを負って切腹させられる判官のもとに由良之助が駆けつける。判官は信頼を寄せる由良之助の到着を待ちかねている。間に合わないかと、諦めて腹に刀を突き立てたところに由良之助が花道に登場する。

「由良之助と判官は、子供の頃から、ある時は兄弟のように、ある時は親子のように育ってきたはずです。血のつながりすら感じさせる主従です。その思いを、花道から出た由良之助が判官のそばに行くまでの間に表現しなくてはいけません」

花道から出た由良之助は七三あたりで、判官のようすを見て力を失ったように腰を下ろし、平伏する。検死役の石堂《いしどう》右馬《うま》之《の》丞《じょう》から「近《ちこ》う」と声を掛けられ、立ち上がろうとして再び座り、両手を懐に入れ、腹帯を直す。この時に、腹帯を締めるか緩めるかは、演じる俳優によって異なり、古くから判断が分かれるところだ。

「由良之助は早駕籠《はやかご》に乗ってきたはずです。その間中、腹帯を締めていたのだから、緩めるのだという説もあるし、締めなおすという説もあります。結局は、いい間があって、由良之助らしい入り方があれば、それでいいのではないでしょうか。おやじ（初代白鸚）には、どちらでもいいと言われたので、私は初演から緩めています」

判官は「由良之助、待ちかねたわやい」と声を発する。腹を切り、検死役を始めとする多くの人々を慮《おもんぱか》り、「この九寸五分（腹切刀）は汝へ形見」と脇に控えた由良之助にささやく。「形見」がかすかに「仇《かたき》」と聞こえるように言うのは、原作にはない俳優の工夫である。由良之助は「委細」と応え、胸をぽんと叩き、主君の遺命を受け止める。

「お客様にも、判官と同様に由良之助を待ちかねたという思いを持っていただけるような芝居をすることが必要です。それには役者としての大きさ、技量、人気が揃わないといけない。若い頃はただ教わった通りに一所懸命やっていただけですが、最近はそういうことを感じます。周囲に人がいるので、判官の思いを受け止めながら、あからさまに知らせないようにするのが難しいところです。内輪にしながら、由良之助の苦しみ、葛藤がすべてお客様に伝わらないといけないんです」

「表門城明け渡し」は塩冶館の表門が舞台。館が公儀に引き渡されたと聞いて花道から由良之助の子、力弥を先頭に詰めかけた塩冶家の家臣たちを由良之助が止める。

吉右衛門の由良之助は、ここで多くの家臣を相手に一歩も引かない気迫を示した。

家臣たちが去り、たったひとり門前に残った由良之助は懐から紫の袱紗に包んだ判官に託された九寸五分を取り出して見つめ、刀身に付いた血を掌に塗り付けてなめる。

その時の吉右衛門の由良之助の表情からは強い無念さが浮かび上がった。

「家臣たちのためにも騒がず、最後にひとりになった時に、判官が切腹した刀に付いた血を掌につけてなめる。『そこが一番大事だよ』とおやじに教わりました。そこでお客様にも納得していただけるように由良之助の性根を示します」

吉右衛門の由良之助は、その後、数歩歩んだところで、先ほど自分が持って出て下に置いた塩冶家の家紋入りの提灯に足が触れる。提灯を取り上げて枠から紙を外し、塩冶家の紋のついた紙を袂《たもと》にしまい、館との別れを惜しみながら、長唄の三味線（送り三重）で花道に入る。

「お客様に由良之助の決意を知らせる意味も含まれた、うまい演出です」

判官も、師直も、若狭之助も

吉右衛門は塩冶判官、そして師直も演じた。判官の初演は一九八〇年三月の歌舞伎座。「花形大歌舞伎」での通し上演であった。判官を得意とした七代尾上梅幸に教わった。

「梅幸のおじさんの判官は素晴らしかったですね。松の廊下で行われる師直への刃傷での台詞の言い方を、随分細かく教えていただきました。おじさんの判官は出てきた時点で大きかった。『遅なわりしは拙者が不調法』という師直へのなんでもない挨拶にも、大名がでーんと居る感じがありました。そういうのはなかなか出せないものです」

判官は師直に悪口を浴びせかけられ、次第に怒りを覚えだす。

「それが大名の怒り方でなければいけない。例えば、『伯州の城主塩冶判官高定を、鱗《うろくず》とは。気が違ったか武蔵守《むさしのかみ》』の台詞です。速く言ってしまいそうなところですが、ゆったりと言う。それでいて怒りをはらんでいなくてはならない。師直は敵役ですので、なんでもやれるんですよ。最初は判官が、それを綺麗に受け流す。怒りが最高潮になってからのおじさんの判官には、これから師直を切るぞという気持ち、相手が怖くなるぐらいの、本当に修羅場をくぐってきたような凄みがありました」

若狭之助も初代白鸚に習った。

石高《こくだか》こそ多くはないが、正義感に富む大名で、「大序」では顔世御前に言い寄る師直を制して怒りを買う。悪口を投げかけられ、思わず刀の柄《つか》へ手を掛けたところを判官に止められる。

「三段目」では師直に切りかかる覚悟で足利館に出仕する。だが桃井家の家老、加古川本蔵から金品を受け取っていた師直は刀を投げ出して若狭之助に平伏する。若狭之助は拍子抜けして立ち去る。我慢を余儀なくされた師直の怒りの矛先が、その後に現れた判官に向かうわけだ。

「『大序』では重要な、はつらつとした気のいい役です。若さゆえの正義感で間違ったことは許せないという感じですよね」

師直は一九八八年三月の歌舞伎座で初めて勤めた。吉右衛門はそれまでに見てきた十七代勘三郎や二代松緑の演技を参考にして組み立てた。

師直は足利家の執権職という高位の武士であり、また顔世御前に言い寄るという色気も必要とする敵役だ。

「ただのいやらしい男ではないということは先人から聞いておりました。芝居では高師直ですが、モデルになった吉良上野介さんという方は朝廷や公卿の儀式、典礼を大名に教える高家《こうけ》という役職です。位取りが大事になります。それでいて、若狭之助や判官を怒らせるようなところも見せないといけない。お客様にも判官様かわいそう、由良之助さん何とかしてあげてと思わせられるかどうか。それを背負った役です」

由良之助の本心を見せる一瞬

「七段目」の由良之助にも同じ公演で初挑戦した。場面は「祇園一力茶屋」。仇討ちの本心を隠すため、由良之助はわざと遊び惚けている。そこへ身分の低い足軽ではあるが、仇討ちへの参加を由良之助に願い出ようと寺岡平右衛門が訪れる。一力茶屋には、平右衛門の妹で勘平の女房のおかるが遊女として奉公していた。勘平は切腹して死んでいるが、おかるはそれを知らない。

「実父（初代白鸚）からも、『七段目』の由良之助の難しさは聞いておりました。『四段目』の由良之助は理屈で何とかできますが、『七段目』の由良之助はお客様もだまし、敵もだます。それでいながら仇討ちの本心はもっている。華やかな廓で酔態を見せ、嘘と本当のどちらかわからないほどのことができる。つまりは頭で考えた人間像ではなく、体から発散するものが必要になります」

力弥が由良之助に届けた顔世御前からの密書を、おかるは盗み読む。それに気付いた由良之助は秘密を守るために、おかるの命を奪うことを決意し、身請け話を持ち掛ける。何も知らないおかるは夫の勘平のもとに帰れると喜ぶ。

ここで由良之助は扇で顔を隠し、一瞬だけおかるを哀れに思う素振りを見せる。

「由良之助の本心が、さりげなく表れます。おかるをかわいそうに思う情も出ますし、喜ぶおかるとの対比も出て、絵になるいい型です」

おかるは平右衛門と出会い、由良之助から身請けを持ち出されたと打ち明ける。手紙を盗み見たことを聞いた平右衛門は由良之助の真意を察し、おかるの命を奪おうとする。抵抗したおかるであったが、平右衛門から夫・勘平の死を知らされると、覚悟を決める。そこに由良之助が現れ、平右衛門の徒党入りを許し、おかるの命も助けてやる。

「九代目團十郎さんが、『四段目』の由良之助ならなんとかなるが、『七段目』は（五代坂東）彦三郎にかなわない、と言ったという話が残っています。彦三郎さんは、女方も得意とされた綺麗な方だったそうです。それが由良之助の紫の衣裳を着て、廓で酒に酔った素振りを見せるのですから、とても色っぽかったはずです。そういう身についた華やかさが必要だということを九代目さんは、『かなわない』という言葉に含ませたのでは、と僕は推測しました」

由良之助は元塩冶家家老だが、今は師直方に通じ、縁の下に潜んで様子を探っていた斧九太夫を刀で刺し、引き出して打ち据える。

「僕は『四段目』よりも『七段目』の由良之助の方が好きです。芝居をしている実感があるからです。最後の九太夫を折檻するところで、由良之助は初めて本心を観客の皆さんにもお知らせします。そういう役でございますので、『四段目』よりも、そちらの方が僕には合っているのではと思います」

第一章で記したが、由良之助は最初からおかるを勘平の女房と知っていた、というのが吉右衛門の解釈である。

吉右衛門の由良之助は、ゆったりとした色気がありながら、おかるを殺す決意を見せるところ、九太夫を打擲《ちょうちゃく》するところなどに鋭さを覗かせた。

播磨屋型の平右衛門、音羽屋型の勘平

平右衛門は一九七一年十二月に帝国劇場の「帝劇大歌舞伎」で初演した。初代白鸚の教えを受け、以降も度々演じた。

「播磨屋流の気持ちから入る作り方に、ぴったりな役です。妹のおかるに勘平の死を知らせなければならないのに、かわいそうでできない。どうしようかという兄としての悩み。また由良之助の仇討ちの東国行きにお供したいけれど、身分の低い足軽なので許されない。でもなんとか連れていってもらいたい。そういう切実な思いを出せば平右衛門になりますので、僕にはやり易く好きな役のひとつです」

「七段目」では狂言回し的な役割も担う。

「由良之助は遊んでいる姿で、廓の雰囲気をにじみださせなければならず、そうトントンとは運べない役です。おかるも女方ですから、トントンとは演技できない。その中で芝居を運んでいく役割を担うのは平右衛門です。おかるに死んでくれと迫るような場面では突っ込んで演じて悲しみを出す。臨機応変さがないとできません。逆に由

良之助がリアルなテンポのある芝居をすると困るんですよ。由良之助が座頭でデンと構えていると平右衛門も引き立つ。足軽という身分を出すためにも、軽く、軽く、でありながら真心のこもった芝居を見せます。体が利けば、またやりたい役ですね」

勘平の初演は一九八〇年三月の歌舞伎座「花形大歌舞伎」。判官・勘平・定九郎を十代海老蔵（十二代團十郎）と一週間替わりで勤めた。父方の叔父、二代松緑に教わった音羽屋型で演じた。

勘平は「五、六段目」の主役の二枚目だ。腰元おかると駆け落ちし、その親元で猟師となって世を渡っていたが、浪士の千崎弥五郎と出会い、仇討ちの徒党に入りたいと話す。その後の猟で勘平は、盗賊となっていた斧九太夫の息子、定九郎を猪と見誤って鉄砲で撃ち殺す。定九郎はおかるの父、与市兵衛《よいちべえ》を殺害し、五十両の金を奪っていた。勘平は殺した相手の懐を探って見つけた金で仇討ちに加えてもらおうと弥五郎の宿へ走る。

与市兵衛の家には、おかるの身売り相手である祇園の一文字屋のお才と源六が来ていた。話をするうちに勘平は自分が殺した相手を与市兵衛と思い込む。おかるが祇園に去った後、与市兵衛の死骸が運び込まれ、義母のおかやは勘平が殺したと確信する。

そこに浪士の弥五郎と原郷右衛門《ごうえもん》が訪れて金を突き返す。勘平は自らを恥じて切腹する。

「芝居の音羽屋型を学んだのは初めてでしたが、手順が計算されつくしていてすごい、と思いました。播磨屋はどちらかというと気持ち先行の家ですので、ちょっと違う作り方で戸惑った記憶もあります。型を全部自分のものにし、なおかつ役になりきり、それを自然に見せるのが大変でした。紀尾井町のおじさん（二代松緑）には、『お前も俺もでっかいから、なるべく下を向いてやればいい』と言われ、その通りにしていたら、劇評で下ばかり向いていると書かれてしまいました」

「菅原伝授手習鑑　寺子屋」

菅丞相主役の悲劇

次に取り上げるのが「菅原伝授手習鑑《すがわらでんじゅてならいかがみ》」。平安貴族で学者から右大臣にまで上り詰めた菅原道真《みちざね》（菅丞相《かんしょうじょう》）の左大臣・藤原時平《ときひら》の陰謀による失脚が題材だ。そこに丞相の恩顧を受けた三つ子の兄弟の梅王丸《うめおうまる》、松王丸《まつおうまる》、桜丸《さくらまる》や、丞相の弟子である武部源《たけべげん》蔵《ぞう》の苦難がからむ。

延享三（一七四六）年に大坂・竹本座で人形浄瑠璃で初演され、のちに歌舞伎に入った。全五段で、ことに人気があるのが丞相の登場する「道明寺《どうみょうじ》」、三兄弟が活躍する「車引《くるまびき》」と「賀《が》の祝《いわい》」、松王丸夫婦と源蔵夫婦が主軸になる「寺子屋《てらこや》」だ。

丞相の養女、苅屋姫《かりやひめ》と天皇の弟、斎世《ときよ》親王は恋仲だが、密会現場を時平の家臣に見られて失踪。丞相はそれを理由に謀反の嫌疑をかけられて官を解かれ、大宰府に流罪と決まる。そこから周辺の人々を巻き込んだ悲劇が起こる。

「主役は菅丞相です。僕は演じたことがありませんが、おやじ（初代白鸚）のも、他の方の丞相も拝見しています。ただ座っているだけで、何もやることがないんですよね。技術でやれる役なら何とかなりますが、何もせずにお客様に、ふわっと大きさや教養を伝えなければならない。おすすめいただいたこともありましたが、僕にはとてもできないとお断りしました」

この狂言で初めて演じたのが「寺子屋」の小太郎《こたろう》。一九五〇年五月二十八日に名古屋・御園座で初代の松王丸、初代白鸚の源蔵の配役で撮影した映画「寺子屋」で勤めた。子役時代には菅秀才《かんしゅうさい》も演じている。

三者三様の三兄弟

子役以外で初めて取り組んだのは「車引」の桜丸。一九五八年十月、新宿松竹座の「新鋭若手大歌舞伎」で、六代染五郎（二代白鸚）の松王丸、三代市川團子（二代市川猿翁）の梅王丸の配役であった。桜丸は六代歌右衛門の指導を受けた。「車引」では、一九六五年十月に御園座で梅王丸、同年十二月に松王丸を初演。どちらも初代白鸚の教えを受けた。

「車引」と「賀の祝」は三段目部分にあたる。丞相に恩のある白太夫《しらたゆう》の子で三つ子の兄弟の梅王丸は丞相の、桜丸は斎世親王の、松王丸は時平の家臣になっている。その三兄弟が京・吉田神社の社頭でまみえるのが「車引」だ。

三兄弟は持ち味が異なる。桜丸は優美で、梅王丸と松王丸は荒事で強い。

「立役をやる人間にとっては、登竜門といいますか、通過すべき役ですね。ことに江戸の役者は荒事というものが身についていないと困る時があります。梅王丸をやると荒事の何たるかや辛さ、大変さ、難しさがよくわかります」

　梅王丸は楽屋で三人がかりでなければ締められない太い丸括《ぐ》けの帯を締める。

「最初の頃は、そんな大仰な帯を締めていなかったと思うんです。ですが、『俺はこれだけ、できるぞ』という俳優の工夫で、どんどん変わり、これ以上考えられないところまで進化して今の形になったのではないでしょうか。荒事の体の使い方を知るにはとてもいい役です」

　梅王丸と桜丸は舞台中央で出会い、時平の吉田神社参詣を知って、一矢報いようと花道を走る。この時に梅王丸は飛び六法を踏んで全速力で揚幕に入る。

「揚幕では、弟子に二人がかりで止めてもらいます。そうでないと、スピードが付いているので、転んでしまいます。揚幕の中で梅王丸はもう一本太刀を増やし、三本太刀になります。これも大変です。弟子に差してもらいますが一仕事です。それですぐにぱっと飛び出します」

　時平が乗った牛の引く御所車の前に梅王丸と桜丸が立ちふさがる。二人は御所車を押しとどめ、警固の仕丁を投げ飛ばす。そこに「待てぇ」の声と共に松王丸が登場する。松王丸は左手を刀の柄にかけ、右手を掲げて横向きににらむ。五代幸四郎が考案した型と言われる。

「松王丸は、することは梅王丸より少ないですが、役者の大きさを必要とします。出てきただけで立派でなくてはならない。横向きで、鼻を上にあげて見得をする横見得(「石投げの見得」)があります。(五代)幸四郎さんは『鼻高幸四郎』と呼ばれるほど鼻筋の通った方だったそうです。そういう出てきただけで、うわっとお客様が、ざわめくぐらいの方がやるものなので、私などはお客様に果たしてどう思われていることでしょう。ともかく三兄弟は性根がはっきりしています。梅王丸と桜丸は丞相様が大事で、時平が憎らしい。松王丸は丞相様にはご恩になってはいるが、時平様はご主人様であるという肚です」

自分の中では、この場面は錦絵のようなイメージだと吉右衛門は語った。

「プラスして梅王丸の荒事、松王丸の大きさ、桜丸の柔らかみと和事風なところを楽しんでいただく。そういう芝居になっています」

「別れ」がテーマの芝居

三人が争い、御所車に手をかけて押し合ううちに、車が壊れ、中からドロドロドロドロという大太鼓の音と共に時平が立ち現れる。

「時平という巨悪がにらむと、あれだけ力強かった梅王丸も松王丸もすくんでしまう。おもしろい演出です」

一九六六年十二月に国立劇場の開場記念で「菅原伝授手習鑑」が通し上演された際に「車引」と「賀の祝」の梅王丸を演じた。松王丸は二〇〇二年二月の歌舞伎座で「車引」「賀の祝」「寺子屋」を通して勤めている。

「賀の祝」は「佐太村《さたむら》」とも呼ばれる。舞台は河内国（大阪府）の佐太村にある白太夫の家。その頃では珍しい長寿の七十歳を迎えた白太夫を三人の息子とその妻が祝うことになっていた。梅王丸の妻・春、松王丸の妻・千代、桜丸の妻・八重が到着し、膳の支度をしているところに松王丸、次いで梅王丸が現れる。だが遺恨のある松王丸と梅王丸は争い、はずみで丞相ゆかりの桜の枝を折ってしまう。桜丸だけは来ず、八重と白太夫を残して一行が立ち去る。そこに桜丸が奥から登場し、切腹する。斎世親王と苅屋姫の恋の仲立ちをしたために丞相が失脚したという責めを負ってのことであった。

「桜丸が死んだあとに、白太夫は丞相様のところに向かいます。そこまで丞相に恩を感じているんです。今どき、ナンセンスだと言われるかもしれませんが、僕は横のつながりはもちろんですが、そういう縦のつながりもあって欲しいと思います。世界が今はバラバラじゃないですか。より演劇などを大事にし、少しでも皆さんに、そんな気持ちになって欲しい。おこがましいですが、そう思います」

吉右衛門は「菅原伝授手習鑑」を、「別れ」がテーマの芝居と表現した。

「菅丞相と苅屋姫、桜丸と白太夫、松王丸夫婦と小太郎。親子の別れが三つも入っています。巨悪と正義とのぶつかり合いを描いた芝居に親子の別れを入れている。三大名作と呼ばれるだけのことはあります」

「せまじきものは宮仕え」の切なさ

作中、最も上演頻度が高いのが「寺子屋」。四段目部分にあたる。

舞台となるのが源蔵と女房・戸浪《となみ》の寺子屋。夫婦は丞相の子・菅秀才を自分の子と偽って匿っている。庄屋からの呼び出しで、源蔵が出かけた後、母に付き添われて小太郎という子が「寺入り（入門）」する。そこへ源蔵が帰り、時平の家来の松王丸と春藤玄蕃《しゅんどうげんば》に、秀才の首を打って渡すように言われたと戸浪に告げる。小太郎を見た源蔵は秀才の身代わりに立てる決心をする。そこに松王丸と玄蕃が現れる。

吉右衛門は「寺子屋」の源蔵を一九六二年三〜四月、芸術座での自主公演「木の芽会」で、松王丸を一九七一年五月の大阪新歌舞伎座で初演した。初代は源蔵と松王丸の両方を得意とした。どちらの役も吉右衛門は初代白鸚から教わった。

「源蔵は丞相から子を託されるような、大変な責務を担う人物です。単なる学者ではない、武士としてもある程度のものを持った人で、その両方を出すのが難しい。源蔵は実父も初代から相当厳しく教わったらしく、僕もしっかり教えてもらいました」

源蔵は丞相の弟子であったが、同家で腰元奉公していた戸浪との不義により勘当を受けていた。

「戸浪と駆け落ちするぐらいの色気と若さがあります。地味な汚いなりで、化粧も真っ黒けではいけませんが、あまり白く塗ってもいけない。駆け落ちした夫婦だなというのがわかるような色にしなさいと教わりました。源蔵はワキだからと遠慮される方もおられるようですが、初代の源蔵は松王丸と対等にぶつかった。二人のぶつかり合いでおもしろくなる、という考え方です。のちに松王丸が大芝居をします。そのために前にぶつかっておけば、『ああ、そうだったのか』ということになります」

わが子にも等しい大切な寺子を殺さなければならない。そこで源蔵が口にするのが「せまじきものは宮仕え」という台詞だ。

「初代は、『せまじきものは』は竹本（義太夫）にとらせずに自分で言った方がいいと語っています。その方が切なさが伝わります。音楽的な台詞まわしで、音感も優れた初代は絶品だったらしい。『せまじきものは』の後に『あああ』とため息をついて、『宮仕えじゃなあ』となる。（七代）芝翫の兄さんが戸浪をなさった時に、『初代はこう言っていらした』と聞かせてくださいました。耳につくぐらい良かったんですね。それを歌舞伎的、音楽的に綺麗に語り、夫婦の嘆きから夫婦愛まで出せたらと思います」

首実検への緊張感

源蔵夫婦は大切な秀才の命を何としてでも守りたい。

「源蔵は忠義一筋の人です。自分の命を捨ててでも秀才を守ろうと夫婦ともに思っている。先ほど初代は松王丸と対等な立場でぶつかり合うといいましたが、松王丸がやり易いように芝居を運ぶ役割も担います。置かれた状況を自然にお客様に伝えなければならない。かといって、じっくり自分の場面だという芝居もできない。場の緊張感を表す至難の役です。戸浪とのやりとりがあるし、千代との立ち廻りもあります」

松王丸と玄蕃は門口で、寺子屋を退出する寺子の中に秀才がいないかを検分する。子供たちが去った後、二人は秀才の首を打って渡せと源蔵に命じる。松王丸の衣裳は黒地に雪持ち松（松に雪が積もる景色を図案化したもの）。ちなみに音羽屋系は鼠地に雪持ち松になる。

「『賀の祝』の時よりも、それだけ偉くなっているということでしょうね。病身ということを着流しで表していますが、雪持ちの松に縫い（刺繍）で鷹がとまっています。あんなに重い衣裳はありません」

松王丸は「百姓どももぐるになって、めいめいの倅に仕立て助けて帰す」と言って咳込む。

「松王丸は内心では源蔵に逃げて欲しいと願っています。『助けて帰す』で咳込んで、ごまかしたり、ゆっくりしゃべったりして源蔵に逃げ支度の時間を稼がせようとしています。赤裸々に表してはいけないが、そんな感じを持たせるようにというのが実父の教えでした」

松王丸は寺子屋から出てくる寺子の顔を確認する。小さな子から、おかしみのある十五歳の涎《よだれ》くりまでの寺子がちょっとした芝居をする、にぎやかな場面だ。

「松王丸は子供たちの顔を見ながら、身代わりに立てるはずの小太郎や秀才が出てきてしまったらとハラハラしています。それを玄蕃に悟られないように検分のようすを見せる。複雑です」

初代は「これも父（筆者注・三代歌六）から聞いた話ですが、寺子屋の松王で一番大事な所は、内へ入る迄の、門口で一人々々の寺子の顔を見る所だと云ふのです。何故かと云へば、順々に子供が出て来る度に、今度は自分の倅ではないか、父様と飛び付かれたらどうしよう、などゝ始終考へて、あゝ小太郎でなくてよかった……さう云ふ心持が大事なのです。尤も、それも底を割って了っては、斯うした芝居の成立に背きますから、御見物に分らない様に演るのが難しいのです」（『吉右衛門自伝』）と記している。

三代歌六、初代吉右衛門、初代白鸚から吉右衛門に至るまでの教えの流れが興味深い。

源蔵は小太郎の首を打ち、秀才の首と偽って差し出す。

「ここの松王丸は、あまりすることがない。座って喋って、首実検をして去る。首実検が一番の山です。わが子の小太郎の首か、そうではないか。そこが分かれ目ですから、緊張感をお客様に与えられるように首を見なくてはいけない」

時代の変化に伴う見現し

源蔵夫婦が秀才を守ることができてほっとしているところに、小太郎の母・千代が帰ってくる。切りかかる源蔵を、千代は小太郎の寺入りの際に持ち込んだ文庫で受け止め、「菅秀才様のお身替りお役に立ちましたか」と言うので、源蔵は驚く。文庫から出した帷子《かたびら》と「南無阿弥陀仏」と書かれた幡《はた》を広げ、千代は「得心なりゃこそ経帷子と六字の幡」と言って泣く。

千代の正体をいぶかしむ源蔵の前に松王丸が門口から松の小枝に結んだ短冊を投げ込む。源蔵が短冊に書かれた上の句を「梅は飛び桜は枯るる世の中に」と読み上げると、松王丸は「何とて松のつれなかるらん」と下の句を読んで、「女房喜べ倅はお役に立ったるぞ」と口にしながら入ってくる。

「見現《みあらわ》しといいますか、モドリといいますか。自分の本当の気持ちを表します。衣裳も黒っぽいものに着替えています。脱ぐと中には小太郎の弔いのための白無垢を着ている。よく考えてあるなと思います」

松王丸は切りかかる源蔵を制し、刀を前に置いて敵意のないことを示す。仮病で時平に暇を願い出たこと、自分の子の小太郎を秀才の身替りにしてもらおうと寺入りをさせたことを話す。小太郎のことを思って泣く千代を松王丸は叱る。松王丸の問いかけに対し、源蔵は小太郎の死に際の潔さを語る。松王丸は喜び、それに引き換え、無念の死を遂げた桜丸が不憫だと嘆き悲しむ。

初代は「櫻丸の死を嘆くのに、これを托つけて小太郎の事を嘆いたり、『倅の事は何でもないが』と捨臼を入れたりする様なやり方が、随分長らく行はれて居ましたが、あれは全くいけない事で、こゝは素直に櫻丸だけを嘆くのが本當なのです」（『吉右衛門自伝』）と語っている。

だが吉右衛門は異なる思いを持つ。

「僕たちぐらいの世代ですと、女房に対して、それはどうなんだろうと思うわけです。産んだ母親を無視してはいられない。それが時代の感覚というものではないでしょうか。昔の方なら『お前が腹を痛めようが、なんだろうが泣くな』と女房を怒ることができたでしょう。小太郎は役に立ったけれど、無駄死にした桜丸が兄弟として耐えられない、という思いの方が強い。ですが、そこに女房がいるのにな、とちょっとひっかかるわけです。それで僕は小太郎と桜丸の両方に掛けて台詞を言っています」

教わったことを大切にしながらも、常に時代に生きる歌舞伎を作ろうとしていた吉右衛門らしい向き合い方だ。

時代を感じさせる教えをもうひとつ。

松王丸と千代は上に着た衣裳を脱いで白装束となる。外に置かれた駕籠に小太郎の亡きがらを納めての野辺の送りとなる。門火《かどび》を焚き、浄瑠璃に乗せて夫婦が焼香する。詞章に「いろは書く子はあえなくもちりぬるいのち」とあるところから、「いろは送り」と呼ばれる場面だ。

「昔は『いろは送り』も、割り台詞でぽんぽん言って、もっと簡単であっさりしていましたが、今は松王丸と千代がお焼香をしてほろりとさせます。子供に対する思いを強調するように変わってきている。それも時代だと思うんですよ。昔は子供に対する憐れみよりも、同胞愛、兄弟愛の方が強かったんでしょうね。歌舞伎の演出は昔から、全く変わらないと思われがちですが、そうではない。変わっているんです。いい方に変わればよいのです。いい方に変える努力はしているんですけれどもね。こんなにいい芝居を作れたら、と思うんですが、なかなかできません」

「義経千本桜 渡海屋・大物浦」

見事な虚構の後日談

「三大名作」の最後に紹介するのは「義経千本桜《よしつねせんぼんざくら》」。源平の合戦で敗者となった平家ゆかりの人々に焦点をあてた作品である。延享四（一七四七）年に五段構成の人形浄瑠璃として大坂・竹本座で初演され、のちに歌舞伎となった。

「『仮名手本忠臣蔵』は実際にあった事件が骨格にあり、調べて想像することができたはずです。『菅原伝授手習鑑』も実話がもとですが、『千本桜』だけは全くの虚構で、

『壇ノ浦の合戦』も出てきません。その後日談で、死んだはずの平家の知盛《とももり》、維盛《これもり》、教経《のりつね》が生きていたという設定です。作者も現在の演技に作り上げた役者もすごい腕です。これに勝るような作品を、これからの人たちにも作って欲しいし、『三大名作』は大切にしてもらいたい」

平知盛、いがみの権太《ごんた》、佐藤忠信《ただのぶ》（狐忠信）という立役にとって重要かつ魅力的な三役が登場する。

「立役でしたら全部やりたい。僕は『鳥居前』の忠信だけは手掛けておりません」

忠信が最初に登場するのは、その「鳥居前」で、二段目部分にあたる。

兄・源頼朝の配下に襲われた源義経は伏見稲荷の鳥居前で愛妾《あいしょう》の静御前を家臣の佐藤忠信に託して都を落ちる。だが、その忠信は義経が後白河法皇から拝領し、静御前に預けた初音の鼓に皮が用いられた雌雄《しゆう》の狐の子が成りすました偽者であった。

次いで狐の化けた狐忠信こと源九郎狐は四段目の舞踊「道行初音旅（吉野山）」で、静御前との道行を見せる。

吉右衛門は「吉野山」の忠信実は源九郎狐を一九七一年十二月に帝国劇場で初演した。静御前は四代菊之助（七代菊五郎）であった。

「源九郎狐には、荒事風に踊るのと、隈も取らずに衣裳も茄子紺《なすこん》で優しく踊るのと二通りがあります。僕は両方やらせていただきました」

忠信実は源九郎狐はところどころで狐らしい素振りを見せる。見せ場のひとつが「軍物語《いくさ》」で、兄・佐藤継信の戦死のありさまも見せる。そして静御前とともに義経を訪ねる旅を続ける。

「源九郎狐は、最後に花道から舞台に向けて笠を投げますが、話によると養父（初代）も六代目（菊五郎）さんも、本当に妖術でも使ったように投げた笠がフワフワと飛んでいったそうです。僕もそれをやりたい、と思って練習しましたができず、笠を何枚もダメにして小道具さんに怒られました。なんの仕掛けもありません。手の返し方に工夫があるようです。養父に付いていた男衆さんが、『下手側に並んでいる清元さんめがけて投げるんですよ』と教えてくれました。そっちに向けて投げるとくるくるとまわって丁度真ん中に行くらしいのですが、（清元）志寿太夫お師匠さんが語っていらした頃で、万が一、あたりでもしたら大変だと、勇気が出ませんでした」

志津太夫は一九九九年に百歳で没した清元浄瑠璃方の名手。高音の美声で清元に一時代を画した。

役者が狐に見える技

本物の忠信は同じ四段目の「河連法眼館《かわつらほうげんやかた》」に登場する。通称は「四の切」。吉右衛門は忠信と源九郎狐を一九八六年六月の国立劇場「歌舞伎鑑賞教室」で一度だけ演じた。

義経は吉野の河連法眼に匿われていた。そこに本物の佐藤忠信が訪れる。義経は「鳥居前」で忠信に託した静御前について尋ねるが、忠信は知らないという。義経は怒りをあらわにするが、そこに静御前と忠信の到着の知らせが入る。ひとりで花道から登場した静御前は、忠信の姿を目にし、今まで一緒にいたはずなのに、といぶかしむ。義経は本物の忠信を去らせ、静御前に鼓を打つように命じる。

静御前が鼓を打つと、忠信実は源九郎狐が正面の階段の仕掛けから現れる。源九郎狐は、舞台の切り穴から消えたり、欄干を渡ったり、とケレンと呼ばれる身体を駆使した演技を見せる。また、「きつね」を「きんね」というなど独特の狐言葉を用いる。

「紀尾井町のおじ（二代松緑）に教わり、舞台稽古は、天王寺屋の兄さん（五代中村富十郎）に見ていただきました。欄干を飛び越えてぱっと下に座る場面がありますが、兄さんに、『宙で一度止まってストンと落ちる』と教えられました。私は体も大きいので、止まることはできませんでした。『宙で狐の形を見せるんだ』とも教わりました」

源九郎狐は鼓の皮にされた親恋しさに鼓を所持する静御前についてきた。

「肉体を駆使するところは技で見せる。あとは、ただただ親を慕う心があればいい。とにかく体が利かないとだめな役です。(五代尾上)梅幸さんの『梅の下風』にも狐の手の心得が書かれています。今の方はあまりなさいませんが、初代(吉右衛門)に狐足と言って、足を曲げた写真があります。皆さん、『役者だけれど、狐に見える』というところまで芝居をされたのは、すごいことです。役の気持ちになりきることも大事ですが、そういうことも大切にしなければと思います」

吉右衛門は、二代松緑の「河連法眼館」を見て感じたことも教えてくれた。

「おじさんは前の場面の本物の忠信に大きさがありました。本物の忠信は、することはあまりありません。刀の下げ緒をしごいて見込むぐらいです。ですが、本物の忠信の舞台ぶりが大きくないと狐になってからとの差異が出ない。それは教えて教えられるものではありません。役者の人間性が出るものだと思います」

知盛は滅びの美学

平知盛は吉右衛門の当たり役のひとつである。二段目部分にあたる「渡海屋《とかいや》・大物浦《だいもつのうら》」に登場する。二〇〇一年四月に歌舞伎座で初演した。義経主従が知盛の亡霊に襲われるという能「船弁慶《ふなべんけい》」の趣向を取り入れている。

壇ノ浦の合戦で海に身を投じて死んだはずの平家の勇将、知盛は生き延びて摂津国・大物浦（兵庫県尼崎市）の船問屋「渡海屋」の主人銀平として暮らし、宿敵の源義経への復讐の機会をうかがっていた。また、銀平の娘お安の正体は安徳帝、女房のお柳《りゅう》は帝の乳母・典侍《すけ》の局《つぼね》であった。兄・頼朝と不和になり、都を逃れた義経は九州に向かう途中、渡海屋に立ち寄る。

「知盛の話は実父（初代白鸚）から聞いておりました。あとは紀尾井町のおじ（二代松緑）の芝居を見て、二人の演技をもとに書物などを参考に作りました」

銀平は縞物の着付けの上に、海の男らしく蝦夷《えぞ》模様の厚司《あつし》を羽織り、傘をさして花道から登場する。

「人形（文楽）では、傘をささず、小さな碇《いかり》を担いでいます。『傘はおかしいから碇でやれ』と言われたこともありましたが、厚司で傘をさして下駄というのが格好いいので、それで勤めております。歌舞伎は姿がよい方がいい。安徳天皇に忠を尽くして最後は滅んでいく知盛は、まさに滅びの美学です」

銀平は、義経主従が潜伏しているのではと疑う鎌倉（頼朝）方の二人の武士をやり込める。二人の武士の正体は平家残党の相模五郎《さがみごろう》と入江丹蔵《いりえたんぞう》。奥にいる義経主従の信用を得るために知盛と示し合わせていた。

「銀平の間は任俠の人のさっぱりとした男らしいものを出す。歌舞伎芝居にはよくある人物像です。二人をやり込める時は、あなたの味方ですよ、と奥にいる義経を意識し、聞かせるつもりで演じます。この場面は『お芝居の芝居』なので、やっていてもおもしろい。五郎と丹蔵は魚の名を織り込むなどおかしみのある台詞を言います。長い芝居を飽きさせずに見せる工夫です」

奥から義経が現れ、銀平に礼を言う。銀平は義経に出船を勧めて支度するために奥に入る。船頭が出船の支度ができたことを知らせ、義経主従は船着き場に向かう。

銀平が再登場するが、姿は一変している。能「船弁慶」で後《のち》シテの知盛の霊が口にするのと同じ「そもそも是は桓武《かんむ》天皇九代の後胤、平知盛の幽霊なり」の詞章で上手屋体の障子が開くと、白糸縅《しらいとおどし》の鎧兜に身を固め、薙刀を持ち床几に腰かけている。知盛の幽霊として義経を討つために姿を改めたわけだ。

「僕の衣裳は狩衣《かりぎぬ》ですが、成田屋（團十郎）型では水干《すいかん》を着ます。ここで人物が、がらっと変わる。町人の船問屋の亭主から平知盛という高位の人物になる。どうやるか、と言われても技であって技ではないところがあります。装束も変わりますが、化粧も変えます。銀平では青黛《せいたい》の髭《ひげ》をつけていますが、知盛になってからは上品な人ということで、白粉で薄くして髭を消します。髭があると下品に見えます」

知盛は船幽霊姿の家臣を引き連れて出陣する。本来の姿となった典侍の局と安徳帝は女官たちと共に渡海屋の奥座敷から海での戦いの推移を見守る。だが、義経は計略を見抜いていた。相模五郎と入江丹蔵が注進として味方の危機を知らせ、裏をかかれた平家方の船は次々と沈んでいく。絶望した官女たちは海に身を投じるが、安徳帝を抱いて入水しようとした典侍の局は義経方に取り押さえられる。

最後のケレンを美しく

舞台は「大物浦」に変わる。中央には、上に大きな碇が置かれた巨岩がそびえる。

花道から知盛が現れ、軍兵と立ち廻りを見せる。

知盛の鎧は血まみれで矢が刺さり、舌も真っ赤に塗っている。

「我々は、この姿を『血たら』と言います。幽霊の姿で花道を入った後は、楽屋に帰らずに突き当たりの揚幕の中で衣裳を替え、化粧もし直し、痩せ隈をとります。昔の役者は目にも紅をさし、それで目を悪くしたといいます。そういうことを平気でしたのです。僕は、それを役者は役に命をかけなければならないという教えと捉えています。手負いとなっての立ち廻りですので、襲い掛かる軍兵の俳優がうまくやってくれます。知盛は幽霊のように手を下に向ける『幽霊手』も見せます。もう半分死んでいる人だということを表す所作です」

知盛は「天皇はいずこにおわす」と言いながら、安徳帝を探す。

「とにかく天皇を守らなければいけないという忠義心ですね。そこに、自分の子として一緒に暮らしていたという思いが合わさり、『いずこにおわす』の台詞になっている。切ない思いがこもっています」

すると岩陰から義経が四天王に安徳帝を抱かせ、典侍の局を伴って現れる。知盛は、義経の家臣、弁慶に出家をうながす数珠をかけられるが、「生き替わり、死に替わり、恨みをなさで置くべきか」と敵意をむき出しにする。だが、義経は安徳帝を守ることを約束し、安徳帝は「義経が情けなれば、仇に思うな、これ、知盛」と口にする。その一言で知盛の凝り固まった心がほぐれる。

知盛は、清盛の悪行の報いで、平家一門が仏教の教えにある「餓鬼道」「修羅道」「畜生道」の三悪道に迷うことになったと口にする。

「ただ『三悪道』について言うのではなく、戦いの無残さ、争いの無意味さを客席に伝わるように表現できたらと思います。人間というのは本当に残酷な面を持っている。戦いのむごさを悲しむ気持ちが三悪道の台詞に込められているように思います。数珠もいらない、成仏なんかしたくない、と言っていたのが、安徳帝の言葉で変わり、最後は、義経に『天皇を守ってくれ、頼むぞ』とすべてを託すようになります」

知盛は海に身を沈める決意をする。『平家物語』にある、入水のありさまと重なるように描かれている。

息も絶え絶えで巨岩に上り、碇の綱を体に巻きつけて碇を海に投じ、綱につられて仰向けになって海中に落ちる。

「綱をまたぎ、綱を股の間から通して後ろに引かせます。またぐのを忘れると足を綱で引っ張られて大変なことになります。岩の端まで下がる時には、踵《かかと》を岩からちょっと出しておくと引っかからない。理屈を言えば、碇にずるずると引かれて落ちるのでしょうが、びゅっと引かれた時に足が高くあがった方が美しい。足で岩を蹴って飛び上がって落ちる。若い時にとんぼの稽古をしたことが足しになった気がします。まあ、それは最後のケレンのようなものですが、三悪道の執念、平家滅亡の原因を作った清盛の悪行を悔やむところが一番難しいです」

二〇一五年七月に国立劇場で尾上菊之助が知盛を演じた際には監修した。

「菊之助君の芝居を見て、いい男の方がやりやすいなと思いました。出てきただけで格好がいいと思わせられる。それが平家の公達というお公家さんのような正体を見せると、より品が出て、大物浦での『血たら』に哀れさが出ます。菊之助君の知盛は素敵でした。知盛は好きな役です。偉い人だと距離感があるところを、『渡海屋』の場面があることで、隣人のように感じられる。それが嘆き悲しんだり、わが子のような天皇との別れを惜しんだり、義経に感謝をしたりする。よく書けています。もう一回やりたいです」

吉右衛門は「渡海屋」では舞台ぶりの大きさと台詞の切れの良さで颯爽ぶりが際立

ち、船問屋の主人らしい闊達《かったつ》さもあった。続く「大物浦」では義経に対する執念と滅びの美学を大きさの中に感じさせた。「三悪道」の台詞の見事さも忘れ難い。

幼い頃は、兄（二代白鸚）と知盛の最期を真似たという。

「三、四歳の頃です。蒲団を敷いておいて、机の上から飛んで遊びました。孫の丑之助が、お父さん（菊之助）が知盛をやった頃、真似をして僕のベッドの上から、どんと飛び込んでいました。同じだなと思って微笑ましく見ていました」

菊之助が当時を振り返ってくれた。

「丑之助が腰ひもに碇代わりのクッションをつなぎ、ベッドに腰かけた岳父の肩車からバーンと後ろに飛び込む知盛ごっこで遊んでもらっていました。義太夫の詞章も岳父が語っていました。岳父が怪我をしてはと、ちょっとひやっとしました」

泣かせる「モドリ」

最後が権太。吉右衛門の初演は一九七八年七月の国立劇場「歌舞伎鑑賞教室」であった。

平家の公達、平維盛は落ち延びて吉野の釣瓶すし屋の使用人、弥助《やすけ》として主人・弥《や》左衛門《ざえもん》に匿われていた。弥左衛門は鎌倉方の梶原景時に呼び出され、維盛の首を打って渡すように命じられ、身替りにしようと道で見つけた若侍の死骸から首を取って持ち帰る。弥左衛門の息子・権太は放蕩《ほうとう》がたたった勘当の身。母・おくらに金をせびりにすし屋を訪れる。

「紀尾井町のおじ（二代松緑）に兄（二代白鸚）が教わっている時に、傍にいて覚えました。本当は大和（奈良県）の田舎者ですが、おじさんの音羽屋（菊五郎）型では、江戸風の粋な男として演じます」

維盛の妻・若葉内侍《わかばのないし》と子の六代《ろくだい》が、すし屋を訪れ、維盛一家は再会を果たす。権太の妹・お里《さと》は弥助を恋していたが、事情を知って一家を逃がす。ところが権太は維盛一家を梶原に差し出して金にすると言って飛び出す。そこに梶原が維盛の詮議に現れる。権太は自身の妻子を縛って若葉内侍と六代の身替りにし、弥左衛門が持ち帰った首を維盛のものと偽って梶原に渡す。それを知らない弥左衛門は怒りに駆られて権太を手にかける。

権太は事実を打ち明けて息を引き取る。悪人と見えた人間が善心に立ち返る「モドリ」という演技方法だ。

「権太は女房、子を身代わりに立て、自分の命まで捨てます。ひがんだ人間が、あるきっかけで善人に戻る。悪いことをしたな、と後悔した経験は、どなたもお持ちでしょう。そういう点では、とても身近な人物が描かれています。今の演じ方は、動きから台詞まわしまで、五代目（菊五郎）さんが考えて作られたと思いますが、歌舞伎の要素として身につけた方がいいものです。六代目（菊五郎）さんのレコードを聞くと、権太の台詞はものすごくリアルで速い。たっぷり聞かせるような台詞を、さらっと言っていらっしゃる。それでお客様を泣かせた。さらっとしてなおかつお客様の心に食い入るような言い方を、今度上演する時にはやりたいと思います」

第三章 天命としての秀山祭

「秀山祭」誕生

吉右衛門が心血を注いだ「秀山祭九月大歌舞伎」は二〇〇六年九月の歌舞伎座から始まった。

二〇〇三年九月の歌舞伎座で初代吉右衛門の五十回忌追善狂言として吉右衛門は「河内山」の河内山宗俊と「俊寛」を演じた。どちらも初代の当たり役である。

それまでは初代白鸚や十七代勘三郎、六代歌右衛門ら初代の間近にいた先輩から学び、その芸にひたすら迫ろうとしていたのが、公演終了後、「二代目」としてどうあるべきか、を考えるようになった。

そのひとつが芸の継承である。最初に吉右衛門が夢見たのが「吉右衛門劇団」の復活であった。

「三度か四度、復活を試みましたが、実現しませんでした。三度目が一番本格的で、松竹の役員も動いてくれましたが、結局うまくいきませんでした」

そこで、「劇団」の前段階になる興行を思い立った。それが「秀山祭」で、秀山は初代の俳名である。

吉右衛門は「初代は忘れ去られるような役者ではありません。天才ですから、彼のやったようにはなかなかいきませんが、演出や舞台に対する姿勢を受け継ぐグループや場を作りたいと考えました。初代と同座したことのない方でも、功績は認めてくださるのではないか。そういう方にはご出演いただき、秀山という神輿《みこし》の担い手になってもらいたい。僕は初代の芸を受け継ぎますが、他の方たちに企画があれば、どんどん取り入れ、十年、二十年と続けたいですね」と第一回を前に構想を披露した。

その年の公演では、昼の部に「引窓」の南与兵衛（南方十次兵衛）と「寺子屋」の源蔵、夜の部に「籠釣瓶」の佐野次郎左衛門を演じた。

「秀山祭」は歌舞伎座の九月の行事として定着した。歌舞伎座の建て替え期間中は、新橋演舞場や京都南座に場を移し、新開場後は再び歌舞伎座に戻り、二〇一九年まで続けられた。「歌舞伎座さよなら公演」中とコロナ禍の最中である二〇二〇年、二一年は「秀山ゆかりの狂言」が上演された。そして二〇二二年は歌舞伎座で「秀山祭九月大歌舞伎」が「二世中村吉右衛門一周忌追善」として催された。

「秀山十種」を次々と

「秀山祭」で吉右衛門は当たり役を次々と勤めた。

二年目の二〇〇七年九月は「熊谷陣屋」の熊谷と「壇浦兜軍記《だんのうらかぶとぐんき》　阿古屋《あこや》」の秩父庄司重忠《ちちぶのしょうじしげただ》、「二條城の清正」の加藤清正を演じた。

「二條城の清正」は吉田絃二郎作。一九三三年十月に東京劇場で初代の加藤清正で初演された。「清正誠忠録」など九代團十郎が演じた清正物で評判を取っていた初代は自分にあてて書かれた清正物を望んでいた。三菱財閥の有力実業家、木村久寿弥太《くすやた》から清正ゆかりの短刀を譲られた初代は、それを好機として吉田に書き下ろしを依頼する。それが「二條城の清正」である。続けて吉田が執筆した「蔚山城の清正」「熊本城の清正」と共に初代の当たり役を集めた「秀山十種」に数えられる。

関ヶ原の合戦の後に、天下を掌握した徳川家康は、豊臣家を滅ぼす機会をうかがっていた。上洛した家康は、二條城での豊臣秀頼との対面を申し出る。清正は病身ながら二條城に向かい、秀頼を命懸けで守ろうとする。

「清正館」「二條城」「御座船」の三場が上演され、吉右衛門が清正、福助が秀頼、左團次が家康を勤めた。

吉右衛門は萬之助時代の一九六〇年一月に歌舞伎座、一九六三年十二月に大阪新歌舞伎座で秀頼を勤めた。いずれも初代白鸚の清正であった。

秀頼は初演で評判を取った十七代勘三郎（初演時・中村もしほ）に教えを受けた。

二條城から退出後に、秀頼と共に乗船した「御座船」で、清正は秀頼の命を狙う徳川方の手下を短筒を撃って退ける。

御座所から現れた秀頼に、清正は秀吉から拝領した短刀を見せ、もしもの時は家康の命を奪うつもりであったと明かす。秀頼はその忠義に感謝し、「決して死ぬな」と励ます。

「船上で秀頼はリアルな台詞を言います。後は皇太子様みたいに泰然としていればいいんですけれどね。中村屋のおじ（十七代勘三郎）の秀頼が良かったので、僕も真似をしました。その時は、吉右衛門を襲名したら、『こんな爺さんみたいな役をやらされるのかな』と実父の清正を見ていました」

清正の初演は一九九八年九月の歌舞伎座。

「清正にとっては、それが最後の秀頼への御奉公です。船上での述懐は内容がわかりやすいし、台詞もうまく書かれています。『十年も十五年も生きながらえてくれ』という秀頼の言葉からは、二人が主従を超えた親子のような、祖父と孫のような間柄になっていることがわかります。船を廻すと大坂城の天守閣が見えるという演出も当時としては斬新だったでしょう。古典のようになっていますが、もっと工夫を加えたい演目のひとつです」

初代継承の使命

三年目の二〇〇八年九月は「ひらかな盛衰記《せいすいき》 逆櫓《さかろ》」の松右衛門《まつえもん》実は樋口次郎兼光《じろうかねみつ》、「盛綱陣屋」の佐々木盛綱、「河内山」の河内山宗俊を演じた。

松右衛門は一九六六年六月、芸術座での勉強会「木の芽会第七回公演」で初演した。源平の合戦に取材した人形浄瑠璃の歌舞伎化である。「逆櫓」は全五段の三段目。樋口次郎は木曽義仲の四天王のひとりだが、義仲が討たれて後、姿を改め、船頭権四郎の娘およしの婿、松右衛門として暮らしていた。およしと先夫との子、槌松《つちまつ》は大津の宿屋で義仲の子駒若丸《こまわかまる》と間違えられて殺される。権四郎が代わりに連れ帰った駒若丸を取り返しに、義仲の腰元お筆《ふで》が現れる。お筆から槌松の死を知らされて駒若丸を殺すと息巻く権四郎の前に、駒若丸を抱き、武士に姿を改めた松右衛門が登場する。

源義経の乗船の船頭に取り立てられた松右衛門は義仲の仇討をする肚《はら》であった。

「初演ではくたびれ果てました。漁師と侍の使い分けが難しい。松右衛門の時は世話で、樋口になってからは時代になる。移行するところが九代目團十郎さんも初代も素晴らしかったと言います」

樋口次郎となり、「権四郎頭が高い」と自身の正体を明かしてからも、義理の息子に返り、「おやじさま」と権四郎に甘えて尽力を仰ぐ場面がある。

「息子に返って忠義を立てさせてくれ、と権四郎に頼み込みます。単に町人から武士に変わるのではない。義父である権四郎に対する申し訳なさ、義理の子で犠牲となった槌松に対する情けと悲しみもある。それでいて樋口次郎というところも最終的には出さなければいけません」

人形浄瑠璃での初演は元文四（一七三九）年四月の竹本座。「義経千本桜」二段目の「渡海屋」と類似しているが、先行作で作者の多くも重なる。

「知盛よりも複雑です。初代があてたもので、引き継がなければいけないと思っていました。江戸時代に行ったようにお客様を錯覚させることができたら成功です」

「初代はこんなんじゃなかったわよ」

盛綱の初演は一九八二年三月の歌舞伎座。従弟の十代市川海老蔵（十二代團十郎）が初代白鸚から教わる際に同席して覚えたという経緯のある役だ。十二代團十郎の盛綱初演は一九七三年六月の新橋演舞場なので、その頃の話と思われる。

「おやじ（初代白鸚）は詳しくは教えない人で、團十郎君も教わりづらいだろうと思い、一緒に学びました。（十一代）團十郎のおじさんも最初は初代の型で演じられたようです。親子といえども演じる予定のない役は、なかなか教えてもらえないものなんですよ」

主君、北條時政の前で盛綱は弟、高綱の首実検を行う。一見して偽首とわかるが、甥、小四郎が腹を切ったことで高綱を戦死したと見せかける親子の計略に気付き、高綱の首に間違いないと言い放つ。

「肚芸とは言っても、お客様にわからせるようにいたします。背後からは真実を知られては困る時政が見ています。そういう枷《かせ》があったうえで、観客に弟の高綱の計略と伝わればいい。この首実検はたっぷりとやってもいいと言われています」

河内山宗俊は一九七二年十二月に帝国劇場で初演した。盗賊が主人公の河竹黙阿弥作「天衣紛上野初花」から河内山の活躍部分を抜き出したもの。

河内山は江戸城で将軍や大名に茶を出すのが仕事の御数寄屋坊主《おすきやぼうず》だが、強請《ゆすり》も辞さない小悪党。質屋の上州屋の娘が腰元奉公する大名家で主君の松江出雲守に無理口説きされ、宿下がりもかなわずに困っていると聞き、百両で娘を取り返すことを受け合う。河内山は上野・輪王寺宮の使僧に化けて松江邸に乗り込む。

「初演ではおやじ（初代白鸚）に教わった通りに演じました」

再演が翌年三月の京都・南座。その間に、音源として残された初代の台詞を聞き込んだ。

「スタジオ収録のレコードと、舞台中継の録音の二種類がありました。レコードは若い時のもので、間合いが早い。中継の録音はもっとゆったりとしていましたが、良さが当時の僕にはわからず、初代も年齢がいったから、こんなにゆっくりと台詞を言っているのだろうと思い、若い時の録音のように間合いを早くしました」

ところが劇場の楽屋のモニターで聞いていた六代歌右衛門に「初代はこんなんじゃなかったわよ」と注意された。

「楽屋にご挨拶にうかがうと『違うね』と言われました。どこが違うんですか、とお尋ねしても『言えないね、良かったねえ、初代は』と。それが毎日でした。歌舞伎界の最高峰が『いい』とおっしゃるんだから、初代は本当に良かったのだろうと思いました」

芸を教えることとは

その後は初代の晩年の台詞を手本に勤めた。一九八一年十二月の南座での上演で、ついに六代歌右衛門に「良くなったよ」と褒められた。

「一番の違いは河内山の大きさです。河内山が松江邸の玄関先で松江侯に向けて口にするのは啖呵《たんか》ですから、『タタタタ』と速く言いたくなるところですが、普段は大名を相手にしている御数寄屋坊主です。江戸っ子ではあっても、市井の人とは違い、使僧に化ける大きさがあります。松江侯が小僧っこに見えるくらいにいたします。河内山は、本当はそんなに大物ではないはずですが、芝居では小悪党になってはいけないんです」

河内山の初演は初代吉右衛門が尊敬してやまなかった九代團十郎。その人物像が歌舞伎の河内山に反映されているはずだと吉右衛門は指摘した。

「九代目さんの大きさは当時の劇界でトップでしょ。松江侯の家臣で河内山の正体を暴く北村大膳《だいぜん》への『大膳はそれを知っていたか』でも、後年の初代の台詞はリアルな中に大きさがある。初代も最終的に吉右衛門の笑いではなく、河内山の笑いになったのではないでしょうか」

吉右衛門の弟子で部屋子から出発し、播磨屋にとって大切な名跡を三代目として襲名した吉之丞が大膳を初演した際のことを教えてくれた。

二〇一二年七月、大阪松竹座での「中村歌昇改め三代目中村又五郎襲名披露　中村種太郎改め四代目中村歌昇襲名披露」の「七月大歌舞伎」。吉之丞（当時三代吉之助）は大膳を演じることになった。河内山は幸四郎（当時七代染五郎）。甥の幸四郎が河内山を演じることもあって吉右衛門は日々収録した映像を宿泊先のホテルで毎晩見た。吉之丞は言う。

「出番の前に、旦那（吉右衛門）から電話があり、『てめえ、何やっているんだ、ばかやろう』と怒鳴られて切れました。『出の前なのになあ』と思いはしましたが、翌日、必ず楽屋で稽古をしてくださるんですよ。例えば『河内山が立っていて、お前が前にいるのに、なんで視線が下向きなんだ』と。ほとんど毎日ご指摘を受けました」

同年九月の新橋演舞場、「秀山祭九月大歌舞伎」でも「河内山」が上演された。吉右衛門の河内山で、吉之丞は初めて大膳を勤めた。

「その時もいろいろダメ出しがありました。公演中の旦那主催の食事会で、同席した衣裳（担当者）さんが、『吉之助（吉之丞）さんの大膳、僕は好きですよ』と言ってくださったんです。その時に旦那が『いいよ、わかっているんだけれど、もっと良くしてやろうと思うから言うんだよ』とおっしゃった。直接褒めてはくださいませんでしたが、すごくうれしかった。少しは進歩したのかなと思いました」

六代歌右衛門とのやりとりが想起させられるエピソードだが、吉右衛門が、芸を教えることをいかに重視していたかがわかる。

新橋演舞場での秀山祭

二〇〇九年九月は、歌舞伎座が翌年四月いっぱいで建て替えに入るため、「歌舞伎座さよなら公演九月大歌舞伎」で「秀山を偲ぶ所縁の狂言」として「時今也桔梗旗揚」の武智光秀を勤めた。

二〇一〇年九月は歌舞伎座が改築中のため、場を新橋演舞場に移しての「秀山祭九月大歌舞伎」となった。演じたのは「伊賀越道中双六《いがごえどうちゅうすごろく》　沼津《ぬまづ》」の呉服屋十兵衛《ごふくやじゅうべえ》、「荒川の佐吉」の相模屋政五郎《さがみやまさごろう》、「俊寛」であった。

十兵衛は一九七七年七月に巡業で初演した。

荒木又右衛門（芝居では唐木政右衛門《からきまさえもん》）の「鍵屋の辻の仇討」に題材を取った「伊賀越道中双六」の一段。「岡崎」の前の場面だ。

商人の十兵衛は沼津の街道で、荷物持ちに雇った足元もおぼつかない老人、平作の娘お米に一目ぼれして家についていく。十兵衛はお米を妻にしたいと言いだして断られるが、話をするうちに平作が生き別れた父と気付く。お米の夫、和田志津馬《しづま》は、十兵衛の主筋の沢井股五郎《またごろう》を父の仇と狙っていた。

原作は天明三（一七八三）年に初演された人形浄瑠璃。主流の上方式の歌舞伎演出と原作では、十兵衛が平作を実の父と知るタイミングに違いがある。

歌舞伎の現行演出の多くでは十兵衛がお米に惹かれてから平作が父と気付くが、浄瑠璃では平作の家に入って間もなく、身の上話から親子と気付き、父と妹を貧苦から救おうと考えて、あえてお米を嫁に欲しいと申し出る。

「僕の目にあるのは（二代中村）鴈治郎のおじさんの十兵衛で、実父（初代白鸚）のていますから、後で親子とわかる方が流れがいいので、そちらで演じています」

初演の際の平作は上方歌舞伎の三代實川延若。十兵衛と平作が舞台から客席に下り、会話しながら通路や花道を通る演出がつく。

「昔はお客様に声をかけたりしながら歩いたようですが、今は時間に追われてなかなかできません。十兵衛は平作を勧められた延若の兄さんに教わったようなもので関西風ですが、本当の関西弁を使うことは私には難しく、勘弁していただきました。十兵衛は気骨ある商人で、結婚もせずに商売一筋にやってきた。その人が初めて心を惹かれた女性がお米だったわけです」

仇につながるために、十兵衛は平作に親子と打ち明けられず、志津馬の傷を治すための薬が入った印籠と金に自分の出自がわかる臍《ほぞ》の緒《お》書きを添えて家を去る。

「すぐに平作に薬を渡せばよさそうなものですが、あくまでも筋を通そうとする。親子ですから、平作も同じように律儀なのでしょう。平作の家を去る時に十兵衛は空を見上げて『降らねばよいが』とつぶやきます。その一言で初代は後の悲劇を感じさせたと言います。それを何とかできたらといつも考えながら勤めています」

平作は十兵衛の正体を知って追いかける。お米と和田家に仕える武助《ぶすけ》の潜む千本松原で、平作は元の印籠の持主（沢井股五郎）がどこにいるかを親子と明かさずに十兵衛に尋ね、隙を見て十兵衛の脇差を抜き取って自分の腹へ突き立てる。息も絶え絶えの平作に十兵衛は股五郎の居場所を教える。

「似た性格で、互いに筋を通そうとする親子がぶつかり、ついに平作が腹を切って懇願する。腹を切らせてしまった十兵衛の悲しみは大きかったはずです」

二〇一一年九月も新橋演舞場での「秀山祭九月大歌舞伎」で「三代目中村又五郎四代目中村歌昇襲名披露」となった。吉右衛門は「寺子屋」と「車引」の松王丸、「沓手鳥孤城落月《ほととぎすこじょうのらくげつ》」の氏家内膳《うじいえないぜん》を勤めた。

二〇一二年九月も新橋演舞場での「秀山祭九月大歌舞伎」。「寺子屋」の松王丸、「河内山」、「時今也桔梗旗揚」の武智光秀を勤めた。

二〇一三年は歌舞伎座の「柿葺落《こけらおとし》」公演が続き、「秀山祭」はなかった。

秀山祭歌舞伎座に帰る

二〇一四年九月は、新開場後の歌舞伎座に戻って初の「秀山祭九月大歌舞伎」が催された。演じたのは「法界坊《ほうかいぼう》」の法界坊と、「絵本太功記《えほんたいこうき》　尼ケ崎閑居《あまがさきかんきょ》」の武智光秀。

法界坊は「隅田川《すみだがわ》続《ごにちの》俤《おもかげ》」が本外題。吉田家の公達梅若丸が誘拐されて隅田川のほとりで命を落としたという伝説に題材を取った「隅田川物」ではあるが、金に汚く女性を好む破戒僧の法界坊を主人公にした喜劇的要素の強い作品だ。

吉右衛門は一九九一年四月に歌舞伎座で初演した。

吉田松若《まつわか》は吉田家の宝である鯉魚《りぎょ》の一軸を探すため、永楽屋の手代要助という町人に身をやつしていた。法界坊は一軸を盗み、横恋慕した永楽屋の娘お組を誘拐しようとして失敗し、たまたま行き合った松若の許嫁の野分姫《のわけひめ》を手にかける。吉田家の旧臣甚三《じんざ》は一軸を取り返そうとして法界坊と争って殺害する。法界坊の霊と野分姫の霊は合体してお組とそっくりの娘姿となり、要助とお組に憑りつく。

法界坊は悪人だが憎めない愛嬌のある人物だ。

「これ以上落ちるところがないから何でもできる、ケツを捲《まく》った人間のすごさがありますね。平気で人を殺し、女性を脅す。今でも時々『なんであの人が、あんな事件を』ということがあるでしょ。どんな人間にもそういう一面があるのではないでしょうか。男性ならいつ法界坊にならないとも限りません。荒唐無稽ではない。とてもリアルな話です。ぞっとする怖さを本当は法界坊で出さないといけない。ちょっとでも出せればただの喜劇ではなくなります」

「三囲《みめぐり》土手《どて》」で法界坊は落とし穴を掘るが、結局自分がはまってしまう。落とし穴を掘る所作も笑いを誘う。

「肩の力を抜いて笑っていただくところで、中村屋のおじ（十七代勘三郎）を真似しています。法界坊が土手から飛び降りる場面では、本当は返り落ち（宙返りをしながら飛び降りる）をするのですが、怪我をしたらいけないので僕は一度もやったことがありません。ケレンがあってこそ、おもしろい場面なのでそれに近いことをしたいです」

大時代に演じる見せ場

「絵本太功記」の光秀は一九九二年四月に歌舞伎座で初演した。

寛政十一（一七九九）年に人形浄瑠璃で初演された。武智（明智）光秀が主君・小田春永（織田信長）に謀反を起こして最期を遂げるまでの十三日間を十三段で描く。十段目にあたる「尼ケ崎閑居」は、「太功記十段目」と呼ばれる。

光秀の謀反の後、わが子を恥じて隠棲する母皐月《さつき》のもとを光秀の妻操《みさお》と嫡男十次郎の許嫁の初菊《はつぎく》が訪れる。十次郎も現れ、皐月と操の見守る中、初菊と祝言の盃を交わして出陣する。そこに宿を求めて前夜から逗留する旅の僧が、風呂の湯が沸いたことを知らせる。僧の正体は春永の家臣、真柴久吉（羽柴秀吉）であった。夜になり、姿を現した光秀は竹槍で障子の内の久吉を刺そうとする。だが刺した相手は皐月で、主殺しで武智の家名を汚したと光秀を責める。手負いとなった十次郎が戻り、家族の見守る中、皐月と十次郎は息絶える。

「初演は他の役の経験がなく、いきなりの光秀役で、初代（吉右衛門）から教わった実父（初代白鸚）の通りにいたしました。竹藪から光秀が姿を現すところで、右手に持った笠を成田屋（團十郎）型は上げ、團蔵型は下げて見得をします。初代は、いろんな型を混ぜています。（七代）團蔵さんはすごいお顔をされて不気味さを出したのでしょう。上げた方が派手ですが、私は下げます。（七代）幸四郎のおじいさんの光秀の写真が残っていますが、化粧に凝り、外国風のメイクも取り入れた人なので、青い血管を描いているんですよ」

光秀の額には春永の命を受けた森蘭丸に鉄扇で割られた傷があり、それが表情のすごみを増している。
「團蔵さんのは三日月みたいに大きな傷です。初代は團蔵型なので、わりと大きめの三日月でした。幸四郎のおじいさんは、今打たれたような小さな傷。立派な顔だったので、小さくても凄みがありましたが、僕は違うので、團蔵さんほどではないですがちょっと大きめの傷にしています。笠を下げた時に、客席からじわ（嘆声）が出るのが理想です」

久吉と思い込み、皐月を刺す竹を座敷の行燈《あんどん》の油を付けて火で焼くやり方がある。

「竹槍は油を付けて火で炙《あぶ》ると強くなります。囲炉裏に突っ込んで硝煙《しょうえん》を立たせるという型を松嶋屋のおじさん（十三代片岡仁左衛門）に教えていただきましたが音が出て久吉に気付かれそうなので、僕はそうはしていません。松緑のおじは油に付けましたが、硝煙は立たせませんでした。実父も初代も竹を焼くのを省いて、いきなり刺しにいきました。お客様はそこにいるのは久吉ではなく母親とわかっている。大丈夫だろうかというスリリングさを強調するために一切省いて生の竹槍で突いたわけです。今のお客様は竹槍をご存じないから炙るところをお見せするのもおもしろいかなと思いましたが、スリルを断絶させないために炙るのは止めにしました」

光秀は誤って母を刺してしまう。

「『こは母人か、死なしたり』と言って久吉を探し、ああ逃げたのかと思うところが型です。母を殺した倅としての悲しみも見せ場になりますが、それもリアルにではなく大時代にいたします」

息子の十次郎も重傷を負って瀕死の状態にある。母と息子の死を光秀は目の当たりにする。

「光秀がワーッと泣く『大落とし』があります。大変な御大将が親子の情に負けて泣く。そこはそのままに勤めます」

初役での有常の雅

二〇一五年は歌舞伎座で「秀山祭九月大歌舞伎」が催された。演じたのは「競《はでくらべ》伊《い》勢物語《せものがたり》」の紀有常《きのありつね》と「伽羅先代萩」の仁木弾正《にっきだんじょう》。

「競伊勢物語」は安永四（一七七五）年に歌舞伎で初演された。文徳《もんとく》天皇の後継を惟《これ》喬《たか》親王、惟仁《これひと》親王が争った平安朝の「御位《みくらい》争い」が背景だ。全七幕の内から、人気の高い五幕目の「奈良街道茶店」と「玉水渕《たまみずのふち》」、六幕目の「小由住居《こよしすまい》」と「奥座敷」

が上演された。有常は初代が二回演じたと記録される。吉右衛門は初挑戦であった。

「記憶にないものですが、雅やかで、いい作品だと聞いておりましたし、やってみたいと思っていました」

有常が登場するのは「小由住居」と「奥座敷」。

貴族の有常は失脚していた頃に親しくしていた小由を大和国・春日野に訪ねる。有常の娘、信夫《しのぶ》は小由の養女になっていた。その有常が自身の娘として育てた井筒姫《いづつひめ》は、実は先帝の子で、貴族、在原業平の恋人でもあった。惟喬親王に井筒姫を差し出せと命じられた有常は姫を守るため、信夫を身替りに立てようとしていた。信夫には豆四郎という許嫁がいた。有常は信夫を自分に返してくれと小由に頼み、豆四郎を養子にと申し出る。小由は娘の出世を喜んだ。

「一時は失脚し、農民と一緒の暮らしをしていた人が、今は宮中で天皇の傍近くに仕えているという設定がまずおもしろい。農民の時が本当か、貴族に返った今が本当か。小由というお婆さんを懐かしみ、その夫で世話になったおじいさんが亡くなっているのを惜しむ有常が本当か、実の娘を殺す有常が本当なのか。よくわからないところがあります。突き詰めていくと矛盾が表れますので、鄙《ひな》びた中の雅が出たらいいと思います」

田舎家に長裃姿の貴族然とした有常が現れ、昔なじみの小由と、はったい茶（炒った麦をひいたはったい粉に湯を注ぐ）を飲みながら語らうことから「はったい茶」の通称もある場面。

有常から井筒姫の身替りになるように言われた信夫は事情を知らない小由の打つ砧《きぬた》に合わせて琴を弾き、業平の身替りになる豆四郎と共に有常に首を打ち落とされる。「小由は娘の身分が高くなると思い、幸せの頂点にいます。かたや信夫は悲劇のどん底です。その二人が砧と琴でつながる。有常はひとりで胸におさめ、すべてを隠して事を遂行しなければならない。ただし、大泣きはせずに、品位をもった嘆き、悲しみを見せます。初代の見たままも残っていません。実父（初代白鸚）が演じた時（一九五六年十一月歌舞伎座）と周囲はほぼ同じメンバーで（市川）寿海のおじさんが有常をなさった舞台の音が残っているので、それと文楽を参考にいたしました」

秀山祭での吉之丞襲名

二〇一六年九月は歌舞伎座で「秀山祭九月大歌舞伎」が催され、「一條大蔵譚」の一條大蔵長成と「妹背山婦女庭訓《いもせやまおんなていきん》　吉野川《よしのがわ》」の大判事清澄《きよずみ》を勤めた。

「妹背山婦女庭訓」は明和八（一七七一）年に人形浄瑠璃で初演された。「大化の改新」の世界を題材にした王朝物で「吉野川」は三段目にあたり、文楽では「山の段」と呼ばれる。

吉野川を境に、妹山は太宰家の後室（未亡人）定高《さだか》、背山は大判事が治める。両家は対立しているが、定高の娘雛鳥《ひなどり》と大判事の息子久我之助《こがのすけ》は恋仲であった。天下を掌握した蘇我入鹿《そがのいるか》が雛鳥を自身に入内させ、久我之助を出仕させるように命じたことから悲劇が起きる。

吉右衛門は一九八八年五月に歌舞伎座で、実兄の九代幸四郎（二代白鸚）とダブルキャストで大判事を初演した。定高は六代歌右衛門が勤めた。入鹿に呼び出されて命令を受けた帰りに、大判事と定高が川に見立てた客席を挟んで本花道と仮花道で向き合い、言葉を交わす場面も上演された。

「初代の相手役を勤められた大先輩にぶつかっていくのですから、それだけでプレッシャーでした。『初代はこう言っていた、ここはこうしなさい』と歌右衛門のおじさまに、ご指導いただきました。一か所、私が『てにをは』を間違えていましてね。ある日、おじさんに『あそこは、『は』でなくて、『を』じゃないのかい、もう一度初代の書き抜きを見てごらん』。確かめたら、おじさんのおっしゃる通りでした。『ここまで時代にやり、ここは世話にやる、ここはトントンと運んで、ここは大時代に言いなさい』とお芝居の仕方を随分教えていただきました。花道でも舞台でも定高が突っ込んで、大判事が受けにまわることが多い。その後、(四代)雀右衛門のおじ、(坂東)玉三郎さんの定高でも大判事を勤めましたが、皆さん違うので、受け方も変わります」

久我之助と雛鳥は敵同士が恋仲ということからシェークスピアの「ロミオとジュリエット」と比較されることも多い。

「太宰家も大判事家も入鹿とは敵対しているが、両家も対立しています。個人同士で対立する枷を作り、そこに愛し合う若い男女がいるというのは優れたアイデアですよね」

久我之助は自害し、定高も久我之助を助けたいという雛鳥の願いを汲みとって娘の首を打つ。

「久我之助の切腹は入鹿退治に役立ちます。大判事は一條大蔵卿のように内面を隠すわけではありません。大蔵卿よりは神経を遣わず、一途に朝敵の入鹿を倒す目的に向かい、悲しみに耐えます」

この公演で、弟子の吉之助が三代吉之丞を襲名した。

初代吉之丞（一八八六〜一九五八）は初代吉右衛門の舞台で「河内山」の北村大膳や「一條大蔵譚」の八剣勘解由などを勤め、脇の要として活躍した。

「随分子役の芝居も教えてもらいました。出てきただけで芝居がおもしろくなる、味の塊みたいな人で、演技もうまい。安心して見ていられ、大向うからは『大番頭』と声がかかりました。播磨屋の大番頭という意味です。『河内山』の大膳では、主役と対等にわたりあってお客様を楽しませる。そういう役者でした」

二代吉之丞（一九三二〜二〇一四）は品位ある美しい女方で、初代吉右衛門、初代白鸚、吉右衛門の三代にわたって仕えた。「木の芽会」では「盛綱陣屋」の微妙《みみょう》、「一條大蔵譚」のお京などの大役を勤めた。

「女方でしたが、立役のことも詳しい、いい先生でした。初代のことをよく覚えていて、『熊谷陣屋』で引っ込んでも、『泣けないんだ』と話したら、『初代は揚幕に入ってくるなり、うつぶせてしばらく泣いていらっしゃいました』と言われました。そうか、そこまで役に入り込まなければいけないんだと思いました。そういうことを教えてくれました」

天命であり天職

二〇一七年九月は歌舞伎座での「秀山祭九月大歌舞伎」。「極付幡随長兵衛《きわめつきばんずいちょうべえ》」の幡《ばん》随院長兵衛《ずいいんちょうべえ》と「ひらかな盛衰記　逆櫓」の松右衛門実は樋口次郎兼光を勤め、自身が松貫四名で筆を執った「再桜遇清水」の監修を担当した。

「幡随長兵衛」は明治十四（一八八一）年初演の河竹默阿弥作品。長兵衛を頭目とする町奴は水野十郎左衛門を頭とする旗本奴と対立していた。村山座で騒動が起こり、その場は収まったが、後日、水野に呼び出された長兵衛は死を覚悟して妻子と別れを交わし、水野屋敷に向かう。

吉右衛門が長兵衛を初演したのは一九八四年十月の歌舞伎座だが、一九五一年四、五月と一九五三年九月の歌舞伎座で、初代の長兵衛により、倅の長松を勤めている。

「舞台の怖さもわからず、長兵衛というよりは、おじいちゃんという感じでした。水野の屋敷に行く長兵衛と長松が別れを交わす場面で初代は本当に泣いていました。涙がかかり、つばが垂れ、嫌だった思い出があります。ですが、初代が場内のお客様の気持ちをつかみ、皆さんが集中してこちらを見てかわいそうだと思ってくださっていることは幼心にもわかりました」

初代白鸚の舞台ぶりの大きさにもぴったりな役で、繰り返し勤めた。吉右衛門も長兵衛の子分役で出演した。

「実父の長兵衛は貫禄がありました。初演では実父に指導を受けました」

水野の屋敷の湯殿で長兵衛は襲撃を受ける。

「自分を殺そうとする水野に長兵衛は啖呵を切ります。お客様の心に響く、歌い上げるような名台詞です」

二〇一八年九月は歌舞伎座での「秀山祭九月大歌舞伎」で、「河内山」と「俊寛」を勤めた。

二〇一九年九月は歌舞伎座での「秀山祭九月大歌舞伎」で「沼津」の十兵衛と「寺子屋」の松王丸を勤めた。「沼津」は初代の父、三代中村歌六の百回忌追善狂言として上演され、「寺子屋」では丑之助が菅秀才を演じた。

秀山祭への思いの強さがわかる吉右衛門の言葉を紹介したい。

「秀山祭は私の生きがいなんてものではなくて、生きている理由です。初代は大変な数の役を演じております。どれだけ自分ができるかはわかりませんが、オーバーに言えば、努力して命を懸けてこれまでやってきました。これから先もやっていきたいですし、それが自分の天命、天職だと思っております。私がいなくなっても天に通じていたら、秀山祭が続いていくと思います」

二〇二二年、歌舞伎座で「秀山祭九月大歌舞伎」が「二世中村吉右衛門一周忌追善」として催された。一階のロビーには祭壇が設けられ、吉右衛門の写真の前には青磁の細首の花入れと香炉が置かれた。それは二〇〇三年九月の同座で「九月大歌舞伎初代中村吉右衛門五十回忌追善」が催されるにあたり、場内にしつらえた祭壇に置こうと、吉右衛門と知佐が買い求めた陶芸家、川瀬忍の作品であった。

「主人が亡くなってから、生きていたらどうしたかったのかと思いめぐらし、考え過ぎてわからなくなってしまうことがよくあります。ですが、この二品は、間違いなく主人が気に入ったものです。まさかこんなに早い時期に追善で用いることになるとは思いもよりませんでした」と、知佐は振り返る。

第四章　その生涯

宿命の赤ん坊

本章では、その生涯を振り返ってみたい。

しばしば口にしたのが次の言葉である。

「私が中村吉右衛門ではなく、松本幸四郎の次男の『松本ああしろう』か何か、だったらよかったんですよ」

冗談めかしてはいるが、背負ったものの重さ、大きさが込められた一言だ。

吉右衛門は、太平洋戦争最中の一九四四年五月二十二日に五代市川染五郎（初代松本白鸚）と妻・正子との間に次男として誕生した。

正子は明治から昭和にかけての名優、初代吉右衛門のひとり娘。初代の才を受け継ぎ、並はずれた鋭い芸勘を持ち、何事も覚えが早く、愛情を一身に集めた。男性であったなら、ひとかどの歌舞伎俳優になっていたであろう。

五代染五郎は七代幸四郎の次男であったが、父の方針もあり、若いうちから初代吉右衛門のもとで俳優としての修業を積んでいた。

七代幸四郎には、五代染五郎と長男の十一代團十郎、三男の二代松緑という三人の息子がいた。明治の演劇界を代表する名優、九代團十郎に師事した七代幸四郎は、長男を後継者のいない市川宗家（團十郎家）に養子に出した。そのため、次男の五代染五郎が幸四郎家の跡取りになるはずであった。その染五郎を吉右衛門家の跡継ぎにするわけにはいかない。二人の結婚に渋い顔を見せる初代吉右衛門に正子は、「男の子を二人産み、一人を実家の養子とし、吉右衛門を継がせる」と言い切った。

つまりは生まれ落ちた瞬間から、赤ん坊は二代目吉右衛門となる運命を背負っていた。冒頭の発言の真意はそこにある。

最初の本名は藤間久信。兄の藤間昭暁（二代白鸚）とは二歳違いである。

戦禍を逃れ、一九四五年三月から同九月まで、初代夫婦、五代染五郎夫婦とその幼子二人（昭暁と久信）は、つてを頼って日光の浄光寺に部屋を借りた。

初代は借間のようすをこう書き記している。

「座敷は寺の客間ですべて六間、住職の住居とは襖一重が境になつてゐて、三方が四尺本縁の廊下、玄関は河内山のそれを思はせる様なもので、そこを這入つて直ぐの部屋が茶の間で、そこには大きな囲炉裡が切つてある。私はとりあへず奥の床の間のある部屋を居間と定めた」（『吉右衛門句集』本阿弥書店／二〇〇七年）

「河内山」のそれ、とあるから、舞台での松江侯の屋敷をしのばせるほどの構えを持つ、かなり立派な住まいであったようだ。

初代中村萬之助

現在でもそうだが、一家一門を擁する歌舞伎俳優の妻は、贔屓《ひいき》との対応や切符の手配など、芝居廻りの諸事に関わり、忙しく過ごす場合が多い。そこで幼い兄弟二人の母代わりになったのが、子供たちから「ばあばあ」と愛称された、ばあやの村杉たけである。たけは疎開先の日光にも同道した。

日光でのある日。久信をおんぶし、昭暁の手を引いた、たけが乗り込んだ路面電車のブレーキがきかなくなり、前に停車するもう一台の列車に衝突した。

衝撃で乗客の多くが倒れた。たけは咄嗟《とっさ》に背中の久信を気づかってうつぶせに倒れ込んだ。自身は鎖骨を二本折る怪我を負ったが、二人の子は無事であった。起き上がったたけの目に入ったのは、同じように赤子を背負って並んで立っていた若い母親が、血まみれの子を抱きながら泣き崩れる姿であった。たけの機転がなければ、自分も同じ運命をたどったかもしれなかったと吉右衛門は後々まで語り、生涯にわたり、たけを「命の恩人」と呼んだ。

歌舞伎俳優の技芸の素地を作る踊りの稽古を三歳で始めた久信は、四歳直前にして人生最初の岐路にさしかかった。たけに初代吉右衛門夫婦の住まいに連れていかれたのだ。

初代は不在で、長火鉢を挟んで対座した初代吉右衛門夫人の千代は、「うちの子になるんだよ」と久信に告げた。それまでも折に触れて母の正子から「藤間」から実家の姓である「波野」になり、吉右衛門を継ぐのだ、と言われていたので、すんなりと受け入れられたという。

一九四八年六月の東京劇場で久信は初代中村萬之助を名乗って初舞台を踏んだ。萬の字は初代の母、嘉女の実家の芝居茶屋「萬屋」にちなんでの初代の命名である。昼の部で、初代が長兵衛で主演する「御存組板長兵衛《ごぞんじまないたちょうべえ》」の長松、夜の部で同じく松右衛門実は樋口次郎兼光で主演する「ひらかな盛衰記　逆櫓」の駒若丸を勤めた。長松は千穐楽まで無事に演じることができたが、駒若丸は出番前の化粧中に泣き出し、代役を立てる羽目になったことは、吉右衛門がよく口にしたエピソードである。

一九四九年十一月には東京劇場で「盛綱陣屋」の小三郎、一九五三年十一月には歌舞伎座で同じく小四郎を勤めた。どちらも初代の盛綱であった。孫の尾上丑之助の小四郎で盛綱を演じることが吉右衛門の夢のひとつであった。この時の祖父との共演が記憶に残り、孫と再現したかったに違いない。

初代から受け継ぐ「子別れ」

一九五四年四月には歌舞伎座の「佐倉義民伝」で初代が木内宗吾、自身は長男の彦七を演じた。

領主・堀田上野介《こうずけのすけ》の圧政にあえぐ農民たちのために立ち上がった名主、木内宗吾が主人公。将軍家に直訴する決意を固めた宗吾は、堀田家に追われながらも佐倉の家に戻り、妻や彦七ら三人の子供たちと最後の別れを交わす。「子別れ」とも呼ばれる場面である。

宗吾は初代の当たり役であった。すでに体がかなり弱っていた初代は江戸に向けて出立する宗吾が履く草鞋の紐を自分で結べず、彦七の萬之助が結んでやった。

「草鞋を履かせてやった時にはよたよただった初代ですが、子供を振り切って雪の中に出ていく場面では、これから死地に赴くという緊張感が全身から立ち上っていました」と吉右衛門。

彦七の出番がそこで終わると萬之助は急いで着替え、三階席にまわって宗吾が将軍家に直訴する「通天（東叡山直訴の場）」を見た。

目にしたのは舞台にいる初代の宗吾を目掛けて二、三階から投げられたおひねりが場内を飛び交う光景だった。

宗吾は死後に神として祀られるようになった。千葉県佐倉市には宗吾を祭神とした「宗吾霊堂」がある。それは神になった宗吾と初代を同一視した観客の自発的な行為であった。

その情景は萬之助の目に焼き付けられ、初代の芸は生涯の目標となった。

吉右衛門が初役で宗吾を演じたのは、それから四十年以上後の一九九八年十月、国立劇場での「佐倉義民伝」の通し上演である。

上演されることが多い「印旛沼渡小屋《いんばぬまわたしごや》」「木内宗吾内」に前後の場面がつけられた。この公演で長男、彦七を演じたのが四代中村種太郎（四代歌昇）、娘おとうが坂東新悟、次男徳松が小川暁久（初代中村種之助）。

国立劇場の稽古場で、三人の子役をなだめすかしながら、吉右衛門が「子別れ」の演技指導をしていた姿が今でも目に浮かぶ。

その際にも「初代のものは粗末にはできません。僕の代で初代の財産を崩してしまうわけにはいきません。受け継ぎましたよ、といつか報告したい。僕が養子だから余計にそう思うのかもしれない。実子だったら、どうでもいいやと言えたかもしれません。木内宗吾も養子です。養父に世話になった義理もあってシャカリキになったのではないでしょうか」と役への取り組みを語っていた。

それが、吉右衛門の養子という立場への強いこだわりを私が感じた最初であったかもしれない。

この時は、宗吾のおじの仏光寺住職光然、堀田上野介、百姓利右衛門も勤め、四役を演じた。吉右衛門の宗吾は、この公演が最初で最後となる。

家族への思いを断ち切って、直訴のため、ひとりで花道を入る後ろ姿に宗吾という人物の背負ったものの重みが見えるように感じられた。

戦いの始まり

話を戻そう。

一九五四年七月の歌舞伎座公演「熊谷陣屋」の熊谷直実を最後の舞台とし、初代は九月五日に六十八歳で世を去った。

遺族として千代夫人の隣に並び、初代の口に水を含ませた直後、十歳の萬之助は実母の正子から、「立派な役者、跡継ぎになることを誓いなさい」と言われた。

吉右衛門の俳優としての戦いの日々がそこから始まった。

それまでは当時の歌舞伎界随一ともいえる実力者、初代吉右衛門の跡取りとして周囲からも「若旦那」ともてはやされてきた萬之助は、途端に単なる高麗屋の子役として扱われるようになった。「明るかった性格が暗くなっていきました」と吉右衛門は当時を振り返った。

戦前から戦後の歌舞伎界をリードしてきた六代尾上菊五郎(一九四九年没)、七代幸四郎(同年没)もすでに亡くなり、世代交代の波が押し寄せていた。

初代の弟子はすべて初代白鸚(当時八代幸四郎)が引き受けた。白鸚は高麗屋(幸四郎家)と播磨屋(吉右衛門家)を双肩に担い、岳父亡き後の「吉右衛門劇団」を初代の相手役を勤めていた女方の六代中村歌右衛門、初代の弟である十七代勘三郎と共に率いる立場となった。

一九五五年九月、歌舞伎座での「中村吉右衛門一周忌追善」公演で、萬之助は、舞踊「山姥《やまんば》（足柄山紅葉色時《あしがらやまもみじのいろどき》）」の怪童丸《かいどうまる》を勤めた。足柄山の山中に住む山姥とのちに源頼光の四天王のひとり坂田金時《きんとき》（金太郎）となる息子、怪童丸の姿が山樵《やまがつ》をからめて描かれる。山姥は六代歌右衛門、山樵斧蔵《おのぞう》実は三田の仕《つこう》は八代市川中車が勤めた。踊りは藤間流宗家の二代藤間勘祖（当時六代勘十郎）の指導を受けた。怪童丸は好評で、同年十二月に歌舞伎座で勤めた「戻駕《もどりかご》」の禿たよりと合わせた成果で、「第八回毎日演劇賞」（現・毎日芸術賞）の特別賞である「演技別賞」を受賞した。時に小学校五年生の十一歳。

新聞紙面に「お相撲だって師匠や親方をまかすのが名誉なんだもの。お父さんより先に賞をもらったのは僕の親孝行だ」とかわいらしい受賞の弁が掲載された。

初代の夢と白鸚の試み

実父の白鸚は、七代幸四郎譲りの端正な顔立ちで舞台ぶりが大きく、「勧進帳」の弁慶、「俊寛」、「仮名手本忠臣蔵」の大星由良之助、「元禄忠臣蔵」の大石内蔵助などの当たり役を持つ座頭役者の言葉にふさわしい立役であった。

その白鸚が行った新しい試みが、一九五七年八月、東横ホールでの「明智光秀」の上演である。作・演出は劇作家・福田恆存《つねあり》。文学座に高麗屋一門が加わる形での「新劇史上初の歌舞伎との合同」（『文学座史』）公演が実現した。

シェークスピアの「マクベス」を下敷きに光秀の謀反から最期までが描かれた。光秀を白鸚、妻皐月と妖婆を杉村春子、織田信長を芥川比呂志、羽柴秀吉を二代又五郎、明智光慶と森力丸を萬之助、森蘭丸を染五郎（二代白鸚）が演じた。

四十日近くの稽古が行われ、十代の萬之助も稽古場の文学座アトリエに通った。張りつめた歌舞伎の稽古場とは異なる、笑い声が絶えない自由な雰囲気は萬之助にカルチャーショックを与えた。

白鸚は翌々年の一九五九年四月二十七、二十八日にも新橋演舞場を舞台に意欲的な試みを行った。文楽の八代竹本綱太夫、十代竹沢弥七と組んでの「嬢景清八嶋日記《むすめかげきよやしまにっき》」の三段目「日向嶋《ひゅうがじま》」の自主公演である。

文楽では外部出演でも、太夫の語りと俳優の台詞を共存させることは禁止されていた。だが白鸚と綱太夫の情熱がそれを可能にした。

源平の合戦で敗れ、盲目となって日向嶋に流された平家の侍大将・景清の元を、身を売って路銀を整えた娘の糸滝《いとたき》が訪れるが、景清は自分の正体を明かさずに別れる。白鸚の景清、大谷友右衛門（四代雀右衛門）の糸滝で、萬之助は里人実は土屋郡内《ぐんない》、染五郎は里人実は天野四郎を演じた。「景清」の上演は初代吉右衛門が望んで果たせなかったものでもあった。公演は成功をおさめた。

普段は寡黙で我慢強い白鸚の大胆な挑戦であった。のちのことだが、吉右衛門は初代の夢と実父の試みを受け継ぐべく、松貫四の筆名で歌舞伎芝居に書き換えた「日向嶋景清」を二〇〇五年の四月に、「こんぴら歌舞伎」、同年十一月に歌舞伎座で上演した。

景清が盲目となったのを、平家も滅んで生きがいをなくし、「もう世の中には見るべきものがない」と自ら両眼を突いたことにしたのは吉右衛門の工夫である。

ギリシャ悲劇「オイディプス王」（ソフォクレス作）で自身の犯した罪を知ったオイディプスは、実は母であった妻、イオカステが自死した後、その身を飾っていた留め金で両眼を突いて盲目となる。吉右衛門がイメージした景清はオイディプスに近いものだったのであろう。

二〇一九年十一月には国立劇場で「孤高勇士嬢景清《ここうのゆうしむすめかげきよ》」の題で通し上演され、吉右衛門が景清、父の四代雀右衛門が演じた糸滝を次男の五代雀右衛門が受け継いだ。

「木の芽会」の挑戦と松竹離脱

一九六〇年三月に勉強会「木の芽会」の第一回が催され、萬之助は「一條大蔵譚」の一條大蔵長成に初挑戦した。

「木の芽会」は一九七五年まで十五回続き、萬之助は「石切梶原」の梶原平三、「菅原伝授手習鑑」の梅王丸と武部源蔵、「夏祭浪花鑑《なつまつりなにわかがみ》」の団七九郎兵衛《だんしちくろべえ》、「双蝶々曲輪日記」の放駒長吉、南方十次兵衛（南与兵衛）、濡髪長五郎、「東海道四谷怪談」の直《なお》助権兵衛《すけごんべえ》、「ひらかな盛衰記　逆櫓」の樋口次郎兼光、「時今也桔梗旗揚」の武智光秀、「勧進帳」の弁慶、富樫、「土蜘」の智籌《ちちゅう》実は土蜘の精、「積恋雪関扉《つもるこいゆきのせきのと》」の関兵衛《せきべえ》実は大伴黒主《おおとものくろぬし》など時代物、歌舞伎十八番物、世話物と幅広いジャンルの大役を次々と勤めた。

十代から三十代までの伸び盛りであった。父の初代白鸚はもちろん、初代の弟の十七代勘三郎、父の弟の二代松緑ら、当たり役とする先輩の教えを受け、芸を吸収した。

また「菅原……」「四谷怪談」「ひらかな盛衰記」は通し上演で、「双蝶々……」では「米屋」と「難波裏」が復活された。歌舞伎演目は「菅原……」なら「寺子屋」など、人気場面だけを取り出しての「みどり」形式での上演が多い。カットされた場面を演じることで、作者の意図を類推することもでき、演じる役への理解も深まる。「木の芽会」は萬之助に大きな財産を与えた。

一九六二年には白鸚、染五郎、萬之助、二代又五郎らの高麗屋一門の松竹離脱と東宝入りが発表された。映画やテレビなどの娯楽が台頭し、歌舞伎人気には陰りがさしつつあった。一九五九年五月、大阪新歌舞伎座で吉右衛門劇団主体により上演された「仮名手本忠臣蔵」は人気演目にもかかわらず、散々な不入りを記録した。白鸚は「松竹という温室から飛び出す決意をした」と東宝入りについて語っているが、決断に至る理由のひとつには、厳しい演劇状況もあったに違いない。「吉右衛門劇団」からは既に六代歌右衛門が抜けていた。初代吉右衛門没後七年にしてその名を冠した劇団は実体を失った。

吉右衛門襲名

萬之助は暁星高校を卒業し、早稲田大学文学部の仏文学科に進学した。背が高く、顔の小さい自分は歌舞伎俳優に不向きではないか。そんな悩みもあってフランス文学の研究者になることを考え、当時交際中のフランス人女性の帰国を追ってのフランス留学を思い立つ。

萬之助は、俳優をやめてフランス留学をしたいと白鸚に申し出た。白鸚は反対もせずに、「なんにでもなっちまいな」と言って背を向けた。その後ろ姿の寂しさに、萬之助は双肩に高麗屋と播磨屋を担ってきた父の苦労に気付き、吉右衛門の名跡を継いで、父の荷を軽くする決意を固めた。

もうひとつ、萬之助の決意を後押ししたのが、第二の母と慕った村杉たけの願いであった。

萬之助の吉右衛門襲名を強く望んでいた、たけは大腸がんを患って病床に就いていた。萬之助は大学や舞台の帰りに、毎日のように、たけを病院に見舞った。幼い頃病気がちであった萬之助は、たけに看病してもらうことが多かった。その「お返しができました」と吉右衛門は当時の心境を表現した。たけが没したのは一九六五年四月。萬之助は歌舞伎俳優こそ自分の天職と思い定め、吉右衛門襲名を決意した。

二代目吉右衛門襲名披露は帝国劇場の「開場披露歌舞伎公演」として一九六六年十

月に行われた。

昼夜二部制で、昼の部の襲名狂言は「祇園祭礼信仰記《ぎおんさいれいしんこうき》　金閣寺」で新・吉右衛門が此下東吉《このしたとうきち》、初代白鸚が松永大膳、六代歌右衛門が雪姫、叔父の二代松緑が東吉の家来の佐藤正清を勤めた。夜の部が「積恋雪関扉（関の扉）」の宗貞《むねさだ》で、初代白鸚の関守関兵衛実は大伴黒主、六代歌右衛門の小野小町姫《おののこまちひめ》と傾城墨染《すみぞめ》の二役の配役であった。

この襲名を機に、本名を久信から辰次郎に改め、吉右衛門は初代と全く同じ姓名の波野辰次郎となる。

芸名や通称ではなく、本名まで同じにするのは珍しいことと思われるかもしれないが、上の世代では、七代中村芝翫も、祖父の五代歌右衛門没後に祖父と同名の「栄次郎」に改めている。五代歌右衛門は演劇界に君臨した女方であった。同じような優れた俳優になって欲しい、という周囲の願いの表れだろう。

松竹復帰と結婚

「襲名披露」の翌月の十一月から一九六七年四月二日まで帝国劇場では「風と共に去りぬ」のロングラン公演が行われた。同年四、五月は吉右衛門の兄、市川染五郎（二代白鸚）主演のミュージカル「心を繋ぐ6ペンス」が予定されていた。

東宝の演劇部門を率いる劇作家でプロデューサーの菊田一夫にとっては、歌舞伎といえども演劇のひとつのジャンルにすぎなかった。

二歳上の兄・染五郎は一九六八年十一月に「王様と私」に主演するなど歌舞伎だけではなくミュージカル俳優としての地歩を着々と固め、ミュージカル路線を重視する菊田の期待に応え、東宝の演劇に欠くことのできない存在となっていた。

吉右衛門は「濹東綺譚」「徳川の夫人たち」「雪国」など女優主演の現代劇で相手役を勤めることも多く、大名跡を継いだのにもかかわらず、歌舞伎に専念できる状態ではなかった。

初代は明治十九年、自身は昭和十九年生まれ。元号こそ異なるが、年譜を紐解けば同年齢で初代が何を演じていたかがたちどころにわかる。それがより焦燥をかき立てた。

東宝のミュージカル路線は好調で、公演数はますます増えることが予想された。このままではいけないと考えた吉右衛門は状況を変えるために、松竹復帰を決断した。

一九七五年五月には生涯の伴侶となる知佐と結婚した。知佐は正子の母方の従弟で

NHKディレクターの山本一次《かずつぐ》の長女。吉右衛門のはとこで、慶応大学文学部に在学中であった。

吉右衛門とは十二歳の年齢差があった。

「子供の頃、あちらの家に遊びに行っても、主人は取りつく島がありませんでした。兄（二代白鸚）は、こちらが子供でも気にかけてくれて、少しはしゃべってくれましたが、主人は一切話さない。口数の少ない父（初代白鸚）ですら、帰ると言うと、『お天気大丈夫かね』と心配してくれたのに、何て愛想のない人だろうと思っていました」と知佐。

山本は吉右衛門をかわいがり、何かと相談に乗っていた。「一生結婚をせず、五十歳になったら仏門に入る」と「熊谷陣屋」の熊谷直実もどきを口にしていた吉右衛門を気遣い、知佐との縁談を提案した。知佐の人柄をよく知る正子も乗り気になった。

「母（正子）から電話で、『お嫁に来ないか』と言われ、このまま大学に通うよりいいかなと思って、『はい』と答えてしまいました。私の父は、主人のことを全部知っていたから、安心だったのではないでしょうか」

播磨屋系と音羽屋系

松竹復帰後は菊五郎劇団の公演に参加する機会が増えた。六代菊五郎没後の一九四九年に、教えを受けた俳優らにより結成された劇団で、初代白鸚の弟、二代松緑と六代菊五郎の養子、七代梅幸が主軸であった。

劇団には二代松緑の長男、初代辰之助、梅幸の長男、菊之助（七代菊五郎）、白鸚の長兄・十一代團十郎の長男、海老蔵（十二代團十郎）の三人の花形俳優がいた。菊之助は吉右衛門の二歳上、辰之助と海老蔵は二歳下で、芸を競い合うには絶好の環境であった。

播磨屋系と音羽屋（菊五郎家）系の演じ方には異なる点がある。「弁天娘女男白浪（弁天小僧）」も「忠臣蔵五、六段目」も音羽屋系は細部まできっちりと型が決まっている。対して播磨屋系は多くの場合、役の気持ちを捉えていれば、多少の差異があっても構わないという考えをとる。

六代菊五郎から世話物の真髄を受け継いだ叔父、二代松緑に学ぶ機会が増えたことで演技の幅は広がった。吉右衛門は菊五郎劇団が得意とする河竹黙阿弥作品の「盲長《めくらなが》屋梅加賀鳶《やうめがかがとび》」「四千両小判梅葉《しせんりょうこばんのうめのは》」などに出演し、世話物の呼吸を学んだ。若い頃は容姿が似通い、演じる役も競合することの多かった実兄の二代白鸚と異なる芸域を獲得するのにも役立った。

一九七二年十月には歌舞伎座で海老蔵、辰之助と弁慶、富樫、義経の三役を交代で勤める「勧進帳」が上演される。

一九七九年六月には新橋演舞場で「籠釣瓶花街酔醒」の佐野次郎左衛門を六代歌右衛門の八ツ橋で演じるなど吉右衛門は実績を重ねていった。

実父白鸚の死

実父の初代白鸚に、皮膚がんの一種が発見されたのは国立劇場の同年十一月公演「元禄忠臣蔵」の初日直前である。すでに進行しており、医師には早い手術を勧められたが、白鸚は首を縦に振らなかった。

「元禄忠臣蔵」は赤穂浪士による吉良上野介への仇討を実説に基づいて描いた真山青果《まやませいか》作品。一九七八年十一月から三年がかりで白鸚の大石内蔵助により全編を上演する計画の二年目で、白鸚の思い入れも一入《ひとしお》だった。周囲の説得で初日だけ白鸚が出演し、二日目からは吉右衛門が内蔵助を代わることになった。

経緯を知らされたのは初日のわずか三日前。

公演では、「伏見撞木町《ふしみしゅもくちょう》」「御浜御殿綱豊卿《おはまごてんつなとよきょう》」「南部坂《なんぶざか》雪の別れ」の三場が上演され、吉右衛門は本役の「御浜御殿」の徳川綱豊に加え、「撞木町」と「南部坂」で内蔵助を演じることになった。青果の硬質な長台詞を三日間、徹夜して覚えきった。

白鸚は同年十一月五日から一九八〇年四月七日まで入院し、同九月に舞台復帰した。一九八一年十、十一月には歌舞伎座で「初代松本白鸚　九代目松本幸四郎　七代目市川染五郎」の三代襲名披露公演が催された。

十一月公演で、白鸚は北條秀司《ひでじ》作「井伊大老」の井伊直弼《なおすけ》を勤めていたが、体調はいよいよ悪化し、同十六日から休演する。直弼は吉右衛門が代わった。相手役の直弼の側室、お静《しず》の方は、若き日から白鸚と共演の多かった六代歌右衛門。これが初代白鸚の最後の舞台となった。一九八二年一月十一日に白鸚は没した。七十一歳であった。

父の七代幸四郎から引き継いだ名跡を長男に襲名させ、孫に自身も名乗った染五郎(十代幸四郎)を継がせての見事な最期であった。

吉右衛門は若い頃は、白鸚の演技が役者ぶりも声帯も違うのに初代吉右衛門の真似をしているように見え、うまいとは感じられなかったと言う。「もっと自分のものを出したらどうか」と直言したことすらあった。だが、自身が五十歳を超えた頃から、そのとらえ方に変化が生じた。

「父の舞台の映像を見返すと頭が下がります。魂が違うんです。心に迫る芝居をしている。役の魂、芝居の魂、役者の魂を伝えようとしていたとわかってきました」と語った。

吉右衛門の弟子の吉兵衛が、伝統歌舞伎保存会の勉強会で指導にあたる吉右衛門が若手俳優に与えた言葉を教えてくれた。

「『女方さんは、ある程度、器用な人ほど得をするが、立役は年齢がいくと、生きざまが出る。だからちゃんと歌舞伎に向き合っていきなさい』とおっしゃっていました」

吉右衛門は実父、初代白鸚の姿を思い描きながら、その言葉を口にしたのではなかったか。

吉右衛門にとって初代白鸚はどんな存在であったのか。

「説明しづらいですが、親は親です。ですが、小さい頃は、こちらは学校があるので早く出かけますし、実父は芝居があるので、こちらが寝ている頃に帰ってくるので、すれ違いが多い。初代存命中は、僕が芝居に出ていても楽屋は初代と一緒のことが多かった。ちょっと普通の親子関係とは違います。父親といっても先生みたいな感じが強いし、ライバルでもあります。僕がいろいろな役をできるようになったのも、父が亡くなってからでした」

筆名松貫四の始まり

今では四月の歌舞伎興行として定着した江戸時代の風情を残す芝居小屋「旧金毘羅《こんぴら》大芝居（金丸座）」（香川県琴平町）での「四国こんぴら歌舞伎大芝居」が始まったのは一九八五年六月であった。この興行に吉右衛門は深く関わっている。

テレビのトーク番組「すばらしき仲間」（TBS系）の収録で一九八四年七月に澤村藤十郎、五代中村勘九郎（十八代勘三郎）と同所を訪れたのがきっかけであった。天保六（一八三五）年創建の芝居小屋の雰囲気に吉右衛門は魅了され、ここで芝居ができないかと考えた。

吉右衛門たちは地元の人々と一体になって、松竹の賛同も取り付け、公演実現へとこぎつけた。だが、そこで難題が降りかかる。新たに発信する作品でなくては重要文化財指定の建物で上演するのにふさわしくないという声が上がったのだ。初日は迫り、誰かに依頼する時間的余裕はない。そこで自ら筆を執ることになった。

自宅にあった『日本戯曲全集　曽我狂言篇』（春陽堂／一九二九年）に収録されていた「清玄桜姫物《せいげんさくらひめもの》」の「遇曽我中村《さいかいそがなかむら》」を題材に選んで脚色し、「再桜遇清水《さいかいざくらみそめのきよみず》」と名付けた。先祖の名にちなんだ松貫四を筆名に用いた始めでもある。

「金丸座の図面を見ながら作り上げました。劇場の機構をよく知らないので、その前に中座でやらせていただくことにしました。金丸座での公演中に台風が来て、京都の花柳界からお出でになる方の飛行機が着陸できずに引き返し、船に乗ってやっとたどり着いたら、幕が閉まるところだったなんていうこともありました」

大阪・中座で六月一日から同二十五日まで同演目を上演し、六月二十七日から同二十九日までの三日間の公演を金丸座で行った。

吉右衛門は以降、同劇場で行われた一九九九年の「十五周年記念歌舞伎舞踊公演」、二〇〇四年、二〇〇五年、二〇一二年の「こんぴら歌舞伎」公演に参加した。

江戸時代の芝居小屋と同規模の舞台を経験したことで、「足を愛らしく見せるために女方は小さめな草履を履くという口伝」を確認でき、また「自然光では化粧は薄塗りの方が綺麗に見える」という発見など多くの収穫があった。

「鬼平犯科帳」で母親孝行

一九八九年八月二日には母の正子が六十五歳で逝った。初代の素質を受け継いだだけではなく、優れた鑑識眼を持つ女性でもあった。

「母親というよりは芸の師匠という側面が大きかった。それまで、役者の女房は、夫の出演している劇場には、あまり顔を出さないものでしたが、おふくろは役者の娘で、子供の頃から劇場に出入りしていたので平気ですし、周囲も大目に見ました。小さい頃から名人上手の芝居を見ていたので目は肥えている。おまけに耳が良く、台詞の音程の上げ下ろしなど細かいところまで覚えていて、それを全部こちらに要求してきました」

そんな正子に反発したこともある。

「芝居がうまいかもしれないけれど、『舞台に出ていたわけではないでしょ』と言ったら、『出ていたわよ』。子役での出演経験がありました。おやじ（初代白鸚）に聞きたいことがあって質問をしても、おふくろが横から口を挟む。おやじは無口でしたし、おふくろを信頼していたから、『うんうん、そうだったね』と同意を示していました」

吉右衛門の舞台を晩年までしっかりと見て気付いたことはメモ書きし、知佐に託した。正子に演技を褒められたことはない、と吉右衛門は断言した。

吉右衛門が長谷川平蔵で主演した池波正太郎原作の人気テレビドラマシリーズ「鬼平犯科帳」（フジテレビ系）の放送が始まったのは同年七月十二日。平蔵はかつて初代白鸚もテレビで演じた役だ。病床で一回目の放送を見た正子は、とても喜んだという。吉右衛門の最後の母親孝行になった。

小説の鬼平は池波が初代白鸚を想定して書いたと言われ、吉右衛門の平蔵役も、池波のたっての希望であった。最初に出演を依頼されたのは四十歳で、その時は断った。

「実父のイメージが強烈でしたし、私も歌舞伎ではまだ若手で、とても平蔵のように人を率いる人物には見えないと思いました」

五年後の再度の依頼には応じた。平蔵が火付盗賊改《ひつけとうぞくあらため》方《かた》長官に就任したのと同年の四十五歳であった。

「不思議なご縁を感じましたし、一度はお断りしたのにもかかわらず、池波先生が指名してくださったのもありがたいと思いました」

「鬼平犯科帳」は二〇〇一年まで九シリーズ百三十七本が制作され、松竹映画にもなった。人気の高さから、原作が尽きても、何作かを組み合わせたスペシャル版が作られた。二〇一六年十二月の「鬼平犯科帳　THE　FINAL」と題した「五年目の客」「雲竜剣」の前後編二本立てのスペシャル版で最後を飾った。最後の作品には菊之助も出演した。通算本数は百五十本を記録した。

「正直なところ、終わってほっとしています」と当時、吉右衛門は語った。役と別れる寂しさは感じなかったそうだ。

吉右衛門は歌舞伎の普及にも注力した。歌舞伎をクラシック音楽やオペラのように海外でも通用する芸術にしたい。それには国内の認知度を高めることが必要であり、また思考が柔軟な小学生の間に少しでも接触する機会を増やすのが効果的だと判断し、二〇〇六年に文化庁主催「本物の舞台芸術体験事業」への参加を始める。例年十、十一月を事業にあて、弟子たちと全国の学校を回った。

「歌舞伎の世界で遊ぼう」と名付けた参加型の入門篇と実演との二部構成。冒頭で「天竺徳兵衛《てんじくとくべえ》」で用いられるような作り物の大きなガマガエルの中から自身で登場し、子供たちを俳優二人が入って動かす馬に乗せるなど親しんでもらえるような工夫を凝らした。後半では「鷺娘《さぎむすめ》」などの舞踊が披露された。私は仙台市と埼玉県本庄市の小学校での授業を参観したが、子供たちはもちろん、観覧していた父母が喜んでいたのが印象的であった。

「歌舞伎座さよなら公演」と播磨屋の躍進

吉右衛門が幼い頃から馴染んできた第四期歌舞伎座は、老朽化のために二〇一〇年四月二十八日に閉場した。最後を飾る「歌舞伎座さよなら公演」は二〇〇九年一月から一年四か月の長きにわたって催され、吉右衛門は大役を次々と演じた。「壽曽我対面《ことぶきそがのたいめん》」の曽我五郎《そがのごろう》、「勧進帳」の弁慶、「毛谷村《けやむら》」の六助、「御存鈴ヶ森《ごぞんじすずがもり》」の幡随院長兵衛、「松竹梅湯島掛額《しょうちくばいゆしまのかけがく》（お土砂《どしゃ》）」の紅屋長兵衛《べにやちょうべえ》、「松浦の太鼓」の松浦鎮信《しずのぶ》、「三人吉三《きちさ》　大川端《おおかわばた》」のお坊吉三などである。

「初代も踏み、その汗が沁み込んだ舞台で、できるだけ古典の良さをお伝えしたいという気持ちでした。毎回、この演目を勤めるのは最後になるかもしれないという悲愴な気持ちもありました。終わった時は魂が抜けたような感じになりましたね」

二〇一〇年には中村歌六、中村歌昇（三代又五郎）兄弟が同年九月に新橋演舞場で催される「秀山祭大歌舞伎」を機に屋号を「萬屋」から「播磨屋」に改めることが発表された。

屋号は一門の証し。二〇〇九年に二代又五郎が九十四歳で没してからは、播磨屋を名乗る俳優が自身と弟子たちだけになったことを吉右衛門は気にしていた。

兄弟は初代吉右衛門の弟、三代中村時蔵の孫。一九七一年に三代時蔵の「十三回忌追善」で萬屋と改めるまでは播磨屋を屋号としていた。

同時に歌六の長男米吉、三代歌昇の長男種太郎（四代歌昇）と次男種之助も播磨屋に仲間入りした。会見で歌六、歌昇兄弟と同席した吉右衛門は「播磨屋が増え、こんなにうれしいことはありません。天にも昇る気持ちです」と手放しの喜びを示した。

二〇二二年九月の「秀山祭九月大歌舞伎　二世中村吉右衛門一周忌追善」で四代歌昇の長男と次男がそれぞれ五代種太郎、初代秀乃介を名乗って初舞台を踏んだ。播磨屋の新芽も順調に育っている。

人間国宝の奮迅

二〇一一年には重要無形文化財各個指定（人間国宝）に認定された。後進の育成も人間国宝の役割である。

「工芸でしたら、具体的な技術を次に伝えることができますが、こちらは違います。演劇は世につれて動いていくもの。僕が考える伝統芸能、伝統歌舞伎がこれからの世に合致していくのか、受け入れられるのかも定かではありません。僕は先人の姿を見て覚えたものを次に伝えることしかできません。自分が体験したことを教えますが、果たしてそれが彼らが一線で働く時代にふさわしいものか。次をつなぐ人たちを育てていきなさい、と命じられたわけですが、それでいいのかという気持ちがあります」

と不安の念も率直に口にした。

二〇一三年三月に第五期歌舞伎座が開場した。「柿葺落公演」で、吉右衛門は四月に「熊谷陣屋」の熊谷、「弁天小僧」の日本駄右衛門《にっぽんだえもん》、「盛綱陣屋」の和田兵衛《びょうえ》、五月に「伽羅先代萩」の荒獅子男之助《あらじしおとこのすけ》、「石切梶原」の梶原、六月に「俊寛」、「土蜘」の源頼光、「助六由縁江戸桜《すけろくゆかりのえどざくら》」のくわんぺら門兵衛《もんべえ》、十月に「渡海屋・大物浦」の銀平実は平知盛、十一月に「仮名手本忠臣蔵　四段目、七段目、十一段目」の由良之助、二〇一四年一月に「松浦の太鼓」の松浦鎮信、「仮名手本忠臣蔵　九段目」の由良之助を勤めた。

二〇一四年の同座では「鳳凰祭」と銘打った公演に参加し、三月に「身替座禅《みがわりざぜん》」の奥方玉の井、「勧進帳」の弁慶、四月に「一條大蔵譚」の大蔵卿を演じた。

重量級の主役の連続で、また和田や頼光のような主役に拮抗する役、駄右衛門のような座頭役にも配役された。

驚かされたのが、荒獅子男之助である。足利家を守るために尽くす忠臣だが、悪人たちの企みで遠ざけられている。若君鶴千代の寝所近くの床下で警固にあたっていた男之助は、敵方の仁木弾正が妖術で化けた鼠と遭遇する。男之助は鉄扇で鼠と立ち廻るが、逃げられてしまう。

鼠がスッポン（花道の切穴）に姿を消すと仁木弾正が現れる。男之助は仁木に向けて「曲者《くせもの》」と声をかけ、仁木が投げつけた手裏剣を「合点だ」と言って受け止め、「取り逃がしたか、残念だ」と叫ぶ。

右足に体重をかけて見込んだ形の良さもさることながら、私が心打たれたのは場内いっぱいに響き渡った「取り逃がしたか、残念だ」の声の大きさ、鋭さである。圧倒的であった。男之助が荒事で力強さを必要とする役であることはわかっているが主役ではない。吉右衛門が配役されたのは、オールスターによる柿葺落公演の、いわば御馳走であった。だが、そこで七十歳近い年齢の吉右衛門は範となる演技を示した。

孫に引かれて「團菊祭」

歌舞伎座第四期の閉場から第五期の開場までの間に、十八代勘三郎（二〇一二年十二月没）、十二代團十郎（二〇一三年二月没）という主役を演じられる二人の立役がこの世を去った。存命なら柿葺落公演には二人の出し物があっただろう。二人の不在で吉右衛門の比重が増えたことは想像に難くない。責任感の強い吉右衛門はその職責を十分に果たした。

その頃から吉右衛門は、原因は不明ながら物の味がよくわからない味覚障害に悩まされるようになった。

二〇一三年は、私的にも大きな出来事があった。四女の瓔子と菊之助との結婚である。

菊之助と瓔子の婚約会見は同年二月十四日に両者の父である吉右衛門と菊五郎同席の上で都内のホテルで行われた。

菊五郎は「娘の（寺島）しのぶが、フランス人の旦那をもらった時以上にびっくりしました。まさかこの年で播磨屋と姻戚関係になるなんて」、吉右衛門は「『いいの、こんなんで』という言葉しか出ませんでした」とそれぞれに会場の笑いを誘った。

のちに吉右衛門はその時の事情を説明してくれた。

「『いいの、こんなんで』という言葉には、いろいろなものが入っております」

前年のある日。翌日の自宅への菊之助の来訪を瓔子から知らされた知佐は、理由を聞いて驚いた。

「『実は』と聞いてびっくりし、主人にも知らせました。でも実感が湧きませんでした」と知佐。

「初代吉右衛門と（六代）菊五郎は『菊吉』と並び称され、競い合った俳優です。二人の芝居の呼吸の合い方、やりとりのおもしろさに、同じ舞台に立つ俳優ですら釣り込まれたと言います。やりとりも日々変わったそうです。相手が突っ込んでくると、受けたり、かわしたり、次の瞬間にまた突っ込んだり。相手がちゃんと返してくれるという信頼感がある。同時に敵でもあります。そういう菊吉であり、寺嶋と波野でありました。

僕も若い頃、菊五郎さんと組んだ芝居で、『新菊吉時代』と呼ばれたこともありました。代を継ぐものとして正直なところ敵対心もありました。菊之助君は菊五郎を継ぐ人です。その菊之助君が両手を突いて、『お許しを願いたい』と言い出したので、思わず口から飛び出したのが、『いいの、こんなんで』でした」と吉右衛門。

瓔子と菊之助の間には、二〇一三年十一月二十八日に長男、和史《かずふみ》、二〇一五年七月十四日に長女、知世《ともよ》、二〇一七年九月四日に次女、新《あらた》が誕生した。

和史は二〇一六年五月、歌舞伎座の「勢獅子音羽花籠《きおいじしおとわのはなかご》」で初お目見得し、吉右衛門も鳶頭《とびがしら》で出演した。

「三歳前でちょっと早いかとは思いましたが、菊五郎さんと相談して早い方がいいだろうということになりました。父親に似たのか繊細です。僕のことは『じいじ』とか『じいたん』と呼びます。娘たちも幼い頃は僕がお風呂に入れましたし、和史も僕がお風呂に入れる時があります。シャワーをかけると小さな子は大概わっと泣くそうですが、和史はじっとかけさせてくれます。じじばかですが、我慢強い子で、そんなところも愛おしいです」と強い愛情を示した。

二〇一九年五月、「團菊祭五月大歌舞伎」の「絵本牛若丸《えほんうしわかまる》」の源牛若丸で和史は七代丑之助を襲名し、初舞台を踏んだ。吉右衛門は鬼一法眼《きいちほうげん》で、久々に「團菊祭」へ出演した。

「孫に引かれて『團菊祭』です。この間までミルクを飲ませていたのが、もう初舞台。何ともうれしい限りです。この爺は初舞台でひとつの役を降りた情けない経験がございますので、見習ってほしくない」と喜びを露わにした。

「役者が揃った」

吉右衛門は晩年も新型コロナウイルス感染拡大で公演形態が変わるまで、長く上演されていない作品の復活に取り組んだ。ことに大きな成果を上げたのが、二〇一四年十二月、国立劇場での「伊賀越道中双六」の上演である。名場面とされながらも四十四年間上演が途絶えていた「岡崎」の復活に挑み、自身が唐木政右衛門で主演した。剣豪、荒木又右衛門の「伊賀上野の仇討」が題材。「岡崎」は、人気場面の「沼津」の後段にあたる。又右衛門をモデルにした政右衛門は初代の当たり役で、吉右衛門もかねて勤めることを望んでいた。

政右衛門の女房お谷の父で上杉家家老の和田行家《ゆきえ》は同家中の沢井股五郎に闇討ちされる。政右衛門は行家の子息、志津馬の仇討の助太刀をするため、行家の許しを得ずに妻としていたお谷を離縁する。

「岡崎」は十段構成の八段目部分。政右衛門と別れ、乳飲み子を抱えて雪の中をさまようお谷は、政右衛門が身を寄せる山田幸兵衛の家にたどり着く。政右衛門は庄太郎と名乗った若き日に幸兵衛に師事していた。娘お袖の婚約者、股五郎を匿おうとしていた幸兵衛は、現在の政右衛門の立場を知らずに股五郎への助力を頼む。政右衛門は自分の正体を隠すために、お谷を追い払い、わが子の命を奪う。

政右衛門は、莨《たばこ》の葉を刻んでいるところに門口にたどり着いたお谷を女房と気付きながらも正体が発覚することを恐れて名乗れない。「莨切り」とも呼ばれる場面だ。

政右衛門は前場面の関所破りをする「藤川新関《ふじかわしんせき》」「裏手竹藪《うらてたけやぶ》」から登場し、大詰の「敵討《かたきうち》」で股五郎を討つ。

公演は好評で二〇一七年三月に早くも同劇場で再演された。

吉右衛門は、「伊賀越道中双六」の魅力は人間がよく描かれているところにあると説明した。

「政右衛門は大男に描かれています。初代は当時の役者としては大柄で、そこも役に合っていたのでしょう。実父は『岡崎は幸兵衛さんの出し物みたいなものだよ』と申しておりました。ですから、幸兵衛をはじめ、それぞれのお役に合った方がいらっしゃらないと上演が難しい。歌六さんの幸兵衛、雀右衛門さんのお谷、菊之助君の志津馬と揃い、又五郎さんがいろいろな役をやってくれ、東蔵の兄さんが幸兵衛の女房のおつやを演じてくださり、役者が揃ったんですね。復活にあたっては、雑誌『演藝画報』の『見たまま』や初代の演じた際の写真を参考にしました」

よりよい舞台にするため、再演では細部に変更を加えた。

「初演の政右衛門は『新関』で円錐形の笠（富士三度）を被っておりました。ところが初代には平らな笠（一文字笠）を持って見得をしているブロマイドがあります。その理由を考え、『笠を投げたのでは』と思い至りました。初演ではそのまま捨てていた笠を再演では捕り手に向かって投げてみました。ちょっとしたケレンでお客様には喜んでいただけたようです。顔の化粧も白くしました。初代の写真では襟が白粉で汚れていたからです。政右衛門の台詞に十五歳で幸兵衛の家を出て十年とあります。子供は乳飲み子ですし、まだ若いんですよね。ですから初演では黒っぽかった化粧を、再演で初代に近づけたわけです」

政右衛門は殺害したわが子（人形）を放り投げる。

「初代は奥の暖簾に向けて投げたと『見たまま』に載っています。当時の赤ん坊の人形は硬い材質で、投げてぶつかるとコンと音がしてしまうので、止むを得なかったようです。今は柔らかく、音がしない素材ですので、私は前に投げました。その方が、政右衛門の切ない気持ちが表れます」

剣豪でありながら、政右衛門は父として夫として悩む。

「剣ひと筋ですが、武士というよりは、半分町人でしょう。泣く時は泣きますし、現代人に近い感情を持つ人です。武士の世界なら、お谷がいくら子供を抱えてこようが、離縁したのだから来るなで終わりでしょうが、政右衛門は歯を食いしばって泣くのを我慢したり、お谷に気付け薬を飲ませたりします。情の深い人物です。また、それほどの人物がわが子を殺さなければならないという方が芝居としても際立ちます。武士は妻子を犠牲にするのも、首を切って差し出すのも当たり前だというお話とはちょっと違います。政右衛門も幸兵衛も、一般の民に近い立場の人ではないでしょうか」

単に古典を現代的にするというのではなく、優れた古典作品の中に潜む時代を超越した心情を掘り当て、それを形にしようとする吉右衛門の舞台姿勢がうかがえる。

好きな役は三つ

二〇一七年には文化功労者に選ばれた。

吉右衛門は記者会見で、「私は芝居しかできない役者でございます。長くはやっておりますけれど、ほかのことはできなくて、古典しかできない役者で、そんなものを功労者というものに認めていただけるのかと思っておりましたので、びっくりしました」と喜びの弁を述べた。

好きな役を尋ねられると、初代への敬慕の念、芸をつなぐ責任を感じさせる言葉があふれ出た。

「ほとんどの役には、これを伝えなければという使命感がございます。中でも一番愛着を持っているのは『俊寛』です。初代が、これからは『俊寛』のように歌舞伎を演じ、演出しなければと思っていた、と僕は聞かされていますので、大事にしたい。『一條大蔵譚』の大蔵卿も初代が考え付いた演出が入っておりますので、これも大事にしたい。『石切梶原』も九代目團十郎が元平家なのに源氏についた梶原平三のような二股武士が嫌いで、『俺はやらない』と口にし、他の人もあまり演じなかったのを初代が復活したもので、これも大事にしたい。この三つがふと思いついた作品です」

後進の指導にも言及した。

「私が初代、実父（初代白鸚）、そして先人に教えていただいたのは名優が作り出した素晴らしい演出で、そのまま演じられたら、その人も名優と同じぐらいになるはずなんです。まあ、そう簡単にはいきませんけれど、なるべく言われた通りを若い人たちにも『こうやるんだ、ああやるんだ』と教え、それは受ける方の持っているものが左右しますので、いろいろになるとは思いますが、教える立場としては、できる限り自分が先人から教えていただいたことを、次に渡すということでございますね。その中に多少自分の考えも演出も入ることがございます」

「初代はうれしかったのではないか」

体調不良に苦しみつつも、その後も吉右衛門は意欲的な舞台を続けた。

二〇一八年六月は歌舞伎座で「夏祭浪花鑑《なつまつりなにわかがみ》」の団七九郎兵衛《だんしちくろべえ》を勤めた。延享二（一七四五）年に人形浄瑠璃で初演され、歌舞伎に入った傑作で、一九六三年四月に芸術座の「木の芽会」で初めて団七を演じた際には初代白鸚の教えを受けた。

団七は店を持たずに魚を売り歩く「ぼてふり」だが、恩ある人の息子のために、女房お梶《かじ》の父で強欲な悪人、義平次《ぎへいじ》を殺めてしまう。クライマックスが高津宮（大阪市中央区）の宵宮の祭礼と義平次殺しが同時進行する「長町裏《ながまちうら》」である。

この公演では、初舞台前の和史（丑之助）が本名で団七の子の市松を演じた。

「団七はあくまでも威勢のいい魚屋さんで侠客になってはいけない、ということは実父に教わりました。初代が演じた当時は、テレビもございませんし、東京では今のように関西弁になじみがありませんでした。初代は父親（三代歌六）が関西の人ではありますが、東京風に直して関西弁をあまり使わずに義太夫なまりで演じています。僕もそう教わったので踏襲しています」

「長町裏」は泥の中で立ち廻りが行われるため、「泥場」とも呼ばれる。遠くに祭礼の山車が通る街並みが見え、舞台には井戸があり、垣根には夕顔がからむ。夏らしい情景だ。

ここで義平次は団七をあざけり、挑発し、雪駄で打ち据えて額に傷をつける。さらには団七の脇差を抜き取って振り回す。取り返そうとしたはずみに団七は誤って義平次の肩先を切りつけ、逆上し、騒ぐ義平次を止めようとして殺してしまう。

「団七は恩を重んじる人間で、恩を受けた相手にはとことん尽くす。義平次にも恩があるので、何をされても我慢していた。だが眉間を叩き割られて怒ってしまう。それが殺しに結びつきます。始めから殺そうと思ってはいないし、はずみでそうなったことを出さないといけないと教わりました」

この公演で吉右衛門が何よりも喜んだのは和史との共演であった。序幕の「鳥居前」では、和史を背に負って花道を入った。

「孫というのはかわいいものです。こんな僕でも初代は、跡継ぎとなった孫と一緒に舞台に出て、多少はうれしかったのではないでしょうか」と過去を振り返りもした。

丑之助はその公演をよく覚えている。

「じいたんにおんぶしてもらってうれしかったです。終わった後は揚幕のところで、『すごく上手にできたね』といつも褒めてくれました」

没するまでの姿は一章に記した通りだ。「秀藝院釋貫四大居士」が戒名である。

無口で生真面目な素顔

視線を転じてみよう。

歌舞伎俳優の理想像を生涯かけて追求し続けた吉右衛門を、傍近くにいた人々はどう見ていたのだろうか。

まずは実父の初代白鸚の若き日の吉右衛門評から紹介したい。雑誌「演劇界」の一九六九年五月号の特集「俳優わが子を語る」に寄せた一文だ。

「吉右衛門は、どちらかというとわたしに似ていて、地道にコツコツとやる方なんです。（中略）一歩一歩地道に積み上げて行くのは大いに結構なことなのですが、そこはやはり芸人、もう少し派手なところがあってもいいんじゃないか、たまには、ハメを外した飛躍があってもいいんじゃないか、と、そんな風にも思うんです。（中略）どうもくそまじめで融通の利かないところなど、わたしにそっくりで、その上、神経質過ぎるのが欠点でしょう。結局、考え過ぎなんです。もう少し楽天的になってほしいと思います」

二十代の頃の芸に対する生真面目な姿勢が浮かぶ。

当時のことを私には、「自分は役者に向いていない、だから世の中に存在しない方がいいのではないかと考えてしまいました」と語ってくれたことを思い出す。

知佐も証言する。

「波野家の養子になったことが間違いだったんじゃないかと言っていました。自分の方が実父に似ているし、兄の方が初代に似ている。だから入れ替わった方が良かったのではないかと」

仲睦まじく、四人の娘にも恵まれた夫婦であったが、結婚後しばらくは夫の感情を読み取ることに苦労したと知佐は打ち明ける。

「父(初代白鸚)と同じタイプですから本当は優しいんです。でも無口なので、いいと思っているのか、悪いと思っているのかが、わかりませんでした。だんだんに、こちらからもどう思っているのかと尋ねられるようになりましたが、最初は戸惑いました」

例に出したのが一九七六年十二月に帝国劇場で「吉例帝劇大歌舞伎」に出演していた時のこと。知佐に楽屋にいる吉右衛門から電話が入った。

「足りないものがあるというので、私が自宅から持っていきました。そしたら『何しに来た』とでもいうような態度をされて。こちらは忘れ物を届けに行っただけだったのに、たまらなかったですよ」

その興行では「一谷嫩軍記　陣門・組打」の熊谷直実を演じていた。第二章で書いたように初演であったから、気が立っていたのかもしれない。

そんな具合であるから、インタビュアー泣かせでもあったという。

「『何色が好きですか』と質問された時のことです。お相手は『赤です』とか『白です』という単純な答えを期待されているはずなんですが、そこで主人は考え込んでしまうんです。好きな色をどう表現したらいいかと思いめぐらした末の沈黙です」

試みに、知佐は「じゃあ何色が好きなの」と尋ねてみた。

「映画の『男と女』（クロード・ルルーシュ監督）でジャン＝ルイ・トランティニャンが着ていた砂色のセーターと言うんです。『どこかで公開していたら映画を見に行くわ』と口にしたら、『あんたにはわからないよ』ですって。結婚した時、私は十九歳でしたからね。だいぶ経ってから見に行きました」

どんなことでも真っすぐに受け止め、ゆるがせにできないところ、「砂色のセーター」を選ぶセンス。どちらも吉右衛門らしい。

厳しくも優しい魂

竹本葵太夫は晩年の吉右衛門が義太夫物の演目を勤める際に欠かせない信頼を置いた存在であった。吉右衛門の舞台への向き合い方の厳しさは二章の「一谷嫩軍記」で語ってもらった通りだ。

「こんなことを申し上げてよいかわかりませんが、決して器用な方ではございません。努力なさって、ご自分で一所懸命、役の性根を考え、磨いて磨いて素晴らしい輝きを増した。魂というものが違うんじゃないかと思うほどです」

例に挙げたのが一九九一年四月、歌舞伎座の「妹背山婦女庭訓　吉野川」で演じた大判事清澄である。相手役の定高は六代歌右衛門。大判事の子息、久我之助と定高の娘、雛鳥は恋人同士。久我之助は切腹し、雛鳥も命を落とし、首になって雛道具の駕籠に入り、川を渡って嫁入りする。そこで大判事が口にするのが、「忠臣貞女の操を立て、死したるものと高声に、閻魔の庁を名乗って通れ」という台詞だ。

「立派でした。『閻魔の庁を……』でお客様は大拍手でしたが、私なんか妹山の床に控えていてもボロボロ泣けてくる感動的な舞台でした。魂が伝わってくる気がしました。上手だとか巧者だとか、そういうこととはステージが違うほどの素晴らしさがありました」

吉右衛門の舞台は多くの観客を魅了した。京都の料亭「浜作」の三代目店主、森川裕之《ひろゆき》もそのひとりである。吉右衛門家とは互いの初代からの縁だ。森川の祖父で浜作の初代店主、森川栄《さかえ》は初代吉右衛門の芸を愛し、また初代も栄の料理を好み、京都公演の際はしばしば足を運んだ。

その森川裕之が最初に衝撃を受けた吉右衛門の舞台は一九七四年三月の南座の「三月花形歌舞伎」。吉右衛門は「勧進帳」の弁慶、富樫、義経の三役を十代海老蔵（十二代團十郎）、初代辰之助と役代わりで演じた。

「吉右衛門先生の弁慶に圧倒されてすっかり芝居好きになりました。次に印象に残ったのが、『土屋主税』（一九七八年十一、十二月南座）の大高源吾です。『明日待たるる、その宝船』の台詞を、三階の上までちゃんと届くように、歌われるように語られたのを今でもよく覚えています」

吉右衛門も京都公演では初代と同じように、知佐同道で浜作を訪れた。

「顔見世にご出演の時は、終演後に奥様と二回はお出でくださいました」

好んだのは鯛のあらだきと鴨ロースで、来店すると必ず注文した。

森川は吉右衛門の舞台を追い続けた。

「若手時代から飛び抜けておられましたが、ことに最後の十年の大きさは類がなかったのではないでしょうか」

吉右衛門が味覚障害に苦しんでいた時期でも、森川があつらえた「そぼろ丼」だけは喉を通った。南座公演中はホテルに料理を届け、体力が落ちていた時には巡業先の神戸にまで運んだ。

「鮭の焼いたのやお浸し、卵焼き、冷奴など普通のものをお望みでした。吉右衛門先生は厳しいところもおありでしたが、本当に律儀でお優しい方でした」

圧倒的な心の描写

私生活では優しいが、芸には全く妥協がなかった。

「あんなに真剣に怒って教えている人を久しぶりに見ました」と指導した後輩の舞台稽古に立ち会った吉右衛門のようすを目にした関係者から聞いたことがある。

少しでも向上してもらいたいという一心からであったろう。

「役者止めちまえ、と怒鳴られるのはしょっちゅうでした」と弟子の吉之丞は振り返る。

「『一《いち》言ったら十《じゅう》悟れ。お前は一言っても一も悟らねえ』と叱られました。私をなんとかしてちゃんとした役者に育てなければいけないと、いろいろとおっしゃってくださったんだと思います」

同じく弟子の吉二郎は「『派手にやろうとする人が多いけれど、普通のことができないと何もできないんだよ。言われたことを普通にやり、それができるようになってから、自分の個性を出せばいい』といつも言われました」と師の言葉を噛みしめる。

年を経て、在り方に変化が生じたことを指摘したのは弟子の吉兵衛。

「私が入門した頃（一九九四年）は、『プロなんだから、言わずとも察してくれ』という感じだった旦那（吉右衛門）が、若い方が増えてからは、『今の人は言わないとわからないから』と言葉でおっしゃるようになりました。『今の人には怒ってはいけないんだ』とも口にされていました」

四女と結婚した菊之助にも聞いてみた。

「結婚前は一緒に劇場に出る機会も少なかったので、威厳があって、とても近寄りがたい存在ではありました」と、菊之助は笑いながら振り返った。

だがひとたび懐に入ると、その優しさを実感するようになった。

「子供たちをたいそうかわいがってくれましたし、劇場でもお傍に出させていただくことが増え、『知っていることは何でも教えるよ』と惜しまずにご指導くださいました。義理の息子ではありましたが、強い絆で結ばれた師弟のような感じもありました。役を教えていただき、千穐楽に、お礼を申し上げると、『よくやったね』と毎回おっしゃってくださいました。私を通して丑之助に伝えてくれ、ということだと思うので、教えていただいたことを100%丑之助に渡したいです」

相手役を演じることも多かった。そのひとつが、二〇一七年四月、歌舞伎座の「傾《けい》城反魂香《せいはんごんこう》」。吉右衛門の又平《またへい》でおとくを勤めた。

言葉にハンディキャップを持ちながら一心に絵に打ち込む絵師、又平と女房おとくの夫婦愛が表れる演目だ。

「又平が自分の命を懸けて手水鉢に自画像を描く場面で、おとくは手を取って嘆きます。その時に、又平の身体からにじみ出る悲哀が、劇場全体を包み込むような圧倒的なものと感じました。又平が師匠の土佐将監に切々と訴えるところも、作り込むのではない、心の描写というのでしょうか。自然に二人の関係性が見えてきました。テクニックではなく、心から出るものではないといけないということを身をもって教えていただいたような気がします」

舞台にかける夫の姿を知佐はこう表現した。

「手が抜けないんです。80%ぐらいの力で100%やっているように見せられるのが役者だとしたら、それができない。損な性分だなと思いました。主人と話したことがあります。あなたは究極の素人ね、と言ったら『そうだね』と返ってきました」

第五章 名優の心

本を読んでも映画を見ても

高浜虚子門下で句作もよくした初代吉右衛門に「破蓮《やれはす》の動くを見てもせりふかな」という句がある。

何を見ても芝居に結び付けてしまう自身の在り方を詠んだ句だ。弓道もたしなんだ初代であったが、それすらも舞台での「姿勢を保つ」ためであったという。

二十四時間、芝居が頭から離れないのは二代目も同様で、劇場ではもちろん、移動中も自宅でも、その姿勢は貫かれた。

「自宅で黙ってテレビを見ているので、声をかけていいのかと思うと、そうではないんです。テレビに目が向いているだけで、頭の中では、ずっと芝居の台詞をくっていました。車を運転している間もそう。よく事故を起こさなかったものだと思います。こちらが話しかけても上の空で、話しかけるな、と怒られもしました。いつも台本を近くに置いていました」と知佐。

吉右衛門は映画を見ていても俳優の演技に目が行ってしまい、心から楽しむことができないと話してくれた。アラン・ドロンの色気のある目遣いを芝居の参考にしたこともあると聞いた。

「俳優の指の使い方、体の動き、そちらに集中してしまうので映画を見ていても疲れます」

小説を読むのも、演劇的想像力を深めるためであった。未知の世界に触れることが、役作りのプラスになると考えたからだ。

「女性、男性、両方の心が小説には書き込まれています。こういう風になるのか、こういうことを言うのかと、新しい役を演じる時に応用できます。想像力も発達しますし、読むことは大切です」

吉右衛門は優れた先人の芸を模倣することから俳優としての歩みを開始した。その際には、実母の正子譲りの優れた耳が武器ともなった。

だが、台詞に関しては、子役時代の苦い記憶があった。初代の弟で女方の三代時蔵が重《しげ》の井《い》を演じる「恋女房染分手綱《こいにょうぼうそめわけたづな》　重の井子別れ」の三吉を当時萬之助の吉右衛門にやらせたら、という話が起きた。

大名家の乳母、重の井と生き別れになり、幼いながらに馬子として生計を立てる息子の三吉が再会する。嫁入りする姫君に付き添うという大役を勤めていた重の井は母と名乗れず、三吉を拒絶する。三吉の健気さが胸を打つ芝居だ。

萬之助は弟子の指導を受けて初代の前で稽古の成果を見せることになった。

「三吉は時代物と世話物の台詞を使い分けることが必要ですが、できずに全部を時代物の台詞でやったら、初代に『役者なんかやめちまえ』とどなられました」

三吉を演じる話は流れた。実現したのは、のちのことである。

この「役者なんかやめちまえ」は、初代の思い出を語るにあたって、吉右衛門がしばしば口にした一言だ。普段は優しい初代も、こと芝居となると跡取りの愛孫にも容赦がなかった。吉右衛門の幼少期の歌舞伎界ではそんな指導が普通であった。

実父の初代白鸚にも、実母の正子にも褒められたことはなかったという。青年期に教えを乞うた先輩も皆厳しかった。

それでも吉右衛門は教わった相手、芸を学びたい相手に食いつき、教えてもらえない場合は演技を細かに観察し、音、所作を完璧に模倣し、そこから次の段階に進むことを続けた。

「個性は放っておいても出てくるもの」が持論であった。

「あるレベルに達するまでは個性を抑えます。僕の場合は同じ役を五回、十回とやらせていただいて、やっとそこに到達できました。そこで初めて自分の考えを入れます。するると単なるコピーではないものになります」

心がどこにあるのか

多少とも余裕ができてくると初代、さらには初代が影響を受けた九代團十郎、七代團蔵らが生み出した型が、なぜそうなったか。元の台本と台詞が書き換えられている場合は、なぜそうしたかを探求した。

「優れた俳優がそうしたからには理由があったはず」と考えたからだ。

「名優と言われた方の心が、演じた時にどこにあったのか。何に対して命懸けになったのかを見極めることが重要です。ですが、それが難しい。簡単には見つかりませんが、それでも僕の経験では繰り返し演じていく間に、初代や実父の（初代）白鸚はこういう気持ちだったのか、（六代）歌右衛門のおじさまはこういう気持ちで僕に教えられたのか、（二代）松緑のおじ、（十七代）中村屋のおじ、（七代）梅幸のおじさまはこうだったのかと思い至るようになりました。丸本（浄瑠璃の本文）の解釈や、なぜ台詞をこう言ったかというのがわかってきました」

それには忍耐強さと並外れた努力を必要とした。

「最初のうちは台詞を時代に言うか、世話に言うかぐらいの違いしかわかりません。何度も拝見し、自分でやってみていると段々に、なぜこういう台詞まわしにしたのか、なぜここは大時代に言い、こちらはトントンと運んだのかが見えてきました」

その演技の組み立て方は後進への指導にも通じた。

「僕の教えた人が、何回か役をやってから、『ここがわかりません』と質問してくれたなら、そういうことを教えられます。ですが、なかなかそんな人はいませんね」

この言葉にも理由がある。自身も同様の体験をしていたからだ。舞踊「土蜘《つちぐも》」の僧智籌実は土蜘の精を、得意とした二代松緑に教わった時のことである。「土蜘」は尾上菊五郎家の「家の芸」の「新古演劇十種」に数えられる。吉右衛門が初演したのは一九六八年二月、国立劇場小劇場の「木の芽会」であった。

「最初は紀尾井町のおじ（二代松緑）は、（九代坂東）三津五郎の兄さん（当時七代蓑助）に代わりに踊らせ、ご自身はポイントを指摘するだけでした。私は公演で何とか勤めはしましたが、自分で納得がいかない箇所があったので、『もう一度教えてください』とお願いしました。紀尾井町のおじさんは、とてもうれしそうな顔をされ、

『そこはこうやるんだ』と、今度はご自分で踊ってみせてくださいました」

熱心さに押されて教えようと思わなかった秘中の秘までをつい口にする。俳優にはそんなところがあるという。

「これは企業秘密だ、というところまで教えていただけました。僕もそういう後輩を待っているのですが、あまりいません。菊之助君はそのタイプですね」

その菊之助は「一條大蔵譚」の吉岡鬼次郎を吉右衛門に教わった際の出来事を語ってくれた。

「岳父の教えを通じ、鬼次郎の一行の台詞の中にも、音の高低、遅い速い、時代に言う、テンポを速くと、大変な工夫がされていることに気付きました。主役以外の役でも、岳父はそれほどに突き詰めて役作りをされていた。ご指導いただき、説明を受けて自分で演じてみると、細かい工夫がどこにあるのかと、台詞の細部に耳が行くようになります。心で演じるのと同時に、音《おん》使いを大切に台詞の工夫もしなければならないと感じました」

吉右衛門の役作りがわかるエピソードである。

自身の指導した俳優の舞台を見た後に吉右衛門が嘆息しながら、「私が若い頃は、教わった通りに演じたものです。なんで、今は教えた通りにやらないんでしょうね」とつぶやくのを耳にしたことがある。

「誰もが、吉右衛門さんと同じにできたら、名人上手だらけになりますよ」と応じたものだが、教わる姿勢を問いたかったのだろう。

弁慶、等伯、テゼー

吉右衛門はいつも「伝統歌舞伎」という言い方をしたが、その素晴らしさ、可能性を心から信じている俳優であった。

「守らなければいけないものなんてないよ、という人もいると思います。ですが、伝統というのは代々伝わり、受け継いできたものです。声の出し方、動き方、見得、役の解釈、すべて昔の方を真似て習い、演じていくことが私は好きだし、大事だと思います」と断言した。

歌舞伎は未完成の芸術で、もっと良いものにできるはずだとも折に触れて話した。

「九代目團十郎以来の名人上手が見世物的な要素もあった歌舞伎を素晴らしい舞台芸術に昇華させていきました。それを一所懸命に覚え、伝えたいというのが僕の在り方です」

この数年は、体調不良に苦しんでいたが、そんな時ですら、芸のためには労を惜しまなかった。

コロナ禍最中に自身が執筆し、主演した一人芝居の「須磨浦」（二〇二〇年八月）も、構想中に病に倒れ、出演がかなわなかった「八陣守護本城　御座船」（二〇二一年五月）も、常に吉右衛門が歌舞伎のことを考えていた証拠であろう。

八十歳で「勧進帳」の弁慶を演じるのを目標にしていたのは既に記した通りだ。

それ以外にも演じたい役はあっただろう。

長く構想し、周囲にも演じたいと語っていたのが安土桃山時代の絵師、長谷川等伯《とうはく》を主人公にした新作だ。

「狩野派主流の時代に、一代で独自の画風を作り出した等伯と初代の姿が重なって感じられるんです。舞台で等伯の代表作である『松林図屏風』を描くところを見せたい」と構想も膨らんでいた。

巡業先や旅先にもスケッチブックを持参し、時間があれば絵筆を握った吉右衛門らしい題材の選び方だ。

雑談の中で、歌舞伎以外で演じたい芝居はないかと尋ねたことがある。

返答は「フェードル」であった。

十七世紀、フランスの劇作家、ラシーヌの作品だ。アテナイの王、テゼーの妻フェードルが、義理の息子のイポリットに思いを寄せたことから起きる悲劇である。吉右衛門が演じることを望んだのは妻も息子も失うテゼーだ。

自身を悲劇役者と位置付け、また一時は、フランス文学の研究者を志した吉右衛門らしい答えだと感じた。

八十歳での弁慶、等伯、テゼー。残念だが、今はその姿を想像することしかできない。

「一谷嫩軍記」の熊谷直実、「俊寛」、「一條大蔵譚」の大蔵卿、「伊賀越道中双六《いがごえどうちゅうすごろく》」の十兵衛と政右衛門、「菅原伝授手習鑑」の松王丸、「義経千本桜」の知盛、「時今也桔梗旗揚」の光秀……。

当たり役とした多くが子供や親の非業の死に立ち会い、政体の変化による屈辱など理不尽ともいえる災難と戦い、散っていく人物である。

悲劇のヒーローたちは悩み、苦しみ、葛藤する。台詞がうまく、舞台ぶりが大きく、また時代物、世話物を問わず、内面をとことん掘り下げる吉右衛門にはうってつけの役柄であった。

「やればやるほど、いろんなことが見えてきましてね。最初の頃は、ある一点しか見つめていなかったのが、自分のものになると、ふっと横を向く余裕が生まれます。すると違うものが見えてくる。七十歳を超えてやっとそういう境地に至りました」

使命を果たし遺した財産

当たり役については二章で触れたが、それ以外でも吉右衛門は印象的な演技を見せた。

「壽曽我対面《ことぶきそがのたいめん》」（二〇〇九年一月、歌舞伎座）の曽我五郎は血気に逸る前髪の少年役である。六十代半ばの吉右衛門は甲《かん》の声と言われる高音を発し、若々しく力強い、荒事にふさわしい演技を示した。

後日、感想を伝えると、恥ずかし気な笑みをたたえ、「本当は足の指を立てなければならないのですが、怪我をしてからそれができないんです」と弁解めいたことを口にした。五郎は足の親指を立てるのが心得だ。長袴を穿いているので見えはしないのだが、基本をおろそかにしたくないという姿勢がうかがえた。

河竹黙阿弥作の「天衣紛上野初花《くもにまごううえののはつはな》」なら、誰もが認める吉右衛門の当たり役は初代以来の河内山宗俊《こうちやまそうしゅん》であろう。だがもうひとりの主役である片岡直次郎でも冴えを見せた（一九九五年十二月、歌舞伎座）。

直次郎は御家人崩れの小悪党で、河内山の悪事に加担してお尋ね者となった。「入谷蕎麦屋」では、逃亡者である陰と江戸前の粋さ、加えての色気があり、恋人の三千歳《みちとせ》に逢うために花道を急ぐ足取りが雪の中の歩みそのものであった。

後日、テレビで見た「鬼平犯科帳」の長谷川平蔵に着流しで雨上がりの道を歩く場面があった。さりげない足取りであったが、舗装のない道のぬかるみ具合が、画面を通して確かに感じられたことを覚えている。鬼平が広く支持を集めたのも、この深さにあるのだと確信した。

吉右衛門はストイックなまでに芸を磨き、「初代の足元にでもたどり着きたい」と言い続けた。

とうに世を去っている初代の演技を目標に置くことで自足を禁じ、自身で演技のハードルを限りなく上げていった。

執筆にも才能を発揮した。松貫四名で筆を執った「巴御前」「日向嶋景清」、構成を担当した「昇龍哀別瀬戸内　藤戸」をあわせ、自身で「別れの三部作」と名付けた。松貫四名義の作品には、狂言を題材にした喜劇「閻魔《えんま》と政頼《せいらい》」もある。

二代目としての責任を全うしただけではなく、演技でも創作でも歌舞伎に大きな財産と偉大な足跡を残し、吉右衛門は七十七歳で逝った。

中村吉右衛門　年譜

和／西暦	初日	千穐楽	劇場	外題	役名	備考
昭23 一九四八	06・05	06・30	東京劇場	御存俎板長兵衛	長松	六月興行大歌舞伎／初舞台
				ひらかな盛衰記 逆櫓	槌松実は駒若丸	
	11・04	11・29	東京劇場	増補双級巴 石川五右衛門	禿しげり	芸術祭公演、顔見世興行大歌舞伎
昭24 一九四九	09・02	09・27	東京劇場	ひらかな盛衰記 逆櫓	槌松実は駒若丸	八代目松本幸四郎襲名披露、九月興行大歌舞伎
	11・05	11・29	東京劇場	近江源氏先陣館 盛綱陣屋	小三郎	芸術祭顔見世興行大歌舞伎
昭25 一九五〇	01・02	01・27	東京劇場	顔揃櫓前賑	吉兵衛倅萬吉	吉例初春興行大歌舞伎、十七世中村勘三郎襲名披露
	11・03	11・27	東京劇場	淀君と三成	童和丸	昭和二十五年度文部省芸術祭、十一月興行大歌舞伎
昭26 一九五一	01・05	02・25	歌舞伎座	「六歌仙」の内 喜撰	所化	新春初開場大歌舞伎／歌舞伎座再開場
				華競歌舞伎誕生	秀頼	
	03・02	03・25	明治座	菅原伝授手習鑑 寺子屋	菅秀才	弥生興行大歌舞伎
	04・04	04・29	歌舞伎座	極付幡随長兵衛	長松	六世中村歌右衛門襲名、五十日延続大歌舞伎
	05・02	05・25	歌舞伎座	極付幡随長兵衛	長松	六世中村歌右衛門襲名、五十日延続大歌舞伎
	07・16	07・20	南座	菅原伝授手習鑑の内 寺子屋［映画］	小太郎	中村吉右衛門一座歌舞伎映画／製作：プレミア映画株式会社、主催：歌舞伎映画株式会社／昭和二十五年五月二十七日御園座で撮影
	11・03	11・27	歌舞伎座	近江源氏先陣館 盛綱陣屋	小三郎	芸術祭十一月興行大歌舞伎
昭27 一九五二	01・02	01・26	歌舞伎座	金比羅利生記 花上野誉碑 志渡寺	田宮坊太郎	壽初春大歌舞伎
	02・04	02・27	新橋演舞場	西国卅三ヶ所 壺坂霊験記	観世音菩薩	二月興行大歌舞伎、仇討二大狂言上演
	04・02	04・27	歌舞伎座	清正誠忠録	幼君秀頼	四月興行大歌舞伎

昭28 一九五三	02・01	02・25	歌舞伎座	菅原伝授手習鑑　寺子屋	菅秀才	二月興行大歌舞伎
	07・04	07・28	明治座	通俗西遊記	錦官	七月興行、中村吉右衛門一座大歌舞伎
	09・01	09・27	歌舞伎座	極付幡随長兵衛	長松	九月大歌舞伎
	11・01	11・26	歌舞伎座	近江源氏先陣館　盛綱陣屋	小四郎	十一月興行、芸術祭大歌舞伎／十一月十日天覧歌舞伎
				鬼一法眼三略巻　菊畑	女小姓	
昭29 一九五四	02・03	02・22	歌舞伎座	菅原伝授手習鑑　寺子屋	菅秀才	二月興行大歌舞伎
	02・14		歌舞伎座	菅原伝授手習鑑　寺子屋	菅秀才	第二十一回子供かぶき教室
	03・27	03・28	歌舞伎座	虎御前	虎の侍女轟女	中村歌右衛門莟会第一回公演
	04・01	04・25	歌舞伎座	佐倉義民伝	倅彦七	四月興行大歌舞伎
	07・02	07・26	歌舞伎座	良寛と子守	村の女の子	七月興行大歌舞伎
	10・27		新橋演舞場	連獅子	（前シテ）	中村吉右衛門をしのぶ会
	11・02	11・26	歌舞伎座	珠取譚	一子房丸	芸術祭十一月大歌舞伎
	12・02	12・26	歌舞伎座	仮名手本忠臣蔵　十一段目	茶道春齋	十二月興行大歌舞伎
昭30 一九五五	01・02	01・30	歌舞伎座	恋女房染分手綱　重の井子別れ	自然薯の三吉実は与之助	壽初春大歌舞伎
	02・02	02・22	歌舞伎座	恋女房染分手綱　重の井子別れ	自然薯の三吉実は与之助	二月興行大歌舞伎
	03・03	03・27	明治座	鳥羽絵	ねずみ	三月興行大歌舞伎、中村吉右衛門劇団公演
	04・02	04・26	歌舞伎座	望月	安田の一子花若	四月興行大歌舞伎
	09・02		日比谷大音楽堂	（舞踊）		中村吉右衛門一周忌追憶の会
	09・04	09・28	歌舞伎座	追善口上 足柄山紅葉色時　山姥	怪童丸後に坂田金時	中村吉右衛門一周忌追善、九月大歌舞伎
	11・03	11・27	歌舞伎座	女暫	金王丸	芸術祭十一月大歌舞伎
	12・03	12・27	歌舞伎座	戻駕色相肩	禿たより	十二月大歌舞伎
昭31	01・02	01・29	歌舞伎座	吾背子恋の合槌　蜘蛛の拍子舞	女小姓糸筋	壽初春大歌舞伎

一九五六	02・02	02・26	歌舞伎座	（演目不明）	娘お久	二月大歌舞伎／配役一覧に役名あり
	03・02	03・26	明治座	勢獅子	鳶金太	三月興行大歌舞伎／配役一覧に役名あり
	03・15			続源義経［映画］	良成	製作・配給：東映
	04・01	04・25	歌舞伎座	ひらかな盛衰記　逆櫓 都鳥廓白浪　忍ぶの惣太	船頭又六 吉田梅若丸	四月大歌舞伎
	07・05	07・29	歌舞伎座	東海道四谷怪談 再茲歌舞伎花轢　お祭り	倅次郎吉 鳶の者金次	七月大歌舞伎
	09・01	09・25	歌舞伎座	（演目不明）	萬屋千八	九月大歌舞伎／配役一覧に役名あり
	11・03	（一九五七）12・26	TBS	忠臣蔵の人々（全五十九回）［TV］	吉千代	
	12・02	12・26	歌舞伎座	日高川入相花王	飛脚早助	十二月大歌舞伎
昭32 一九五七	01・02	01・27	歌舞伎座	茨木	太刀持音若	壽初春大歌舞伎
	02・02	02・25	歌舞伎座	六歌仙容彩　喜撰	所化	祝国連加盟記念興行、二月大歌舞伎／配役一覧に役名あり
	03・02	03・26	明治座	京鹿子娘道成寺	所化	三月興行大歌舞伎／配役一覧に役名あり
	04・01	04・25	歌舞伎座	（演目不明）	伜君太郎	四月大歌舞伎／配役一覧に役名あり
	06・04	06・28	新橋演舞場	隅田川続俤　法界坊	野分姫	中村吉右衛門劇団六月興行
	07・04	07・28	歌舞伎座	（演目不明）	若殿	七月大歌舞伎／配役一覧に役名あり
	08・02	08・28	東横ホール	明智光秀	明智光慶、森力丸	文学座第七十一回公演
	11・02	11・26	歌舞伎座	（演目不明）	萬屋伜亀吉	芸術祭十一月大歌舞伎／配役一覧に役名あり

昭33 一九五八	01・06	08・25	日本テレビ	大助捕物帳［TV］	飴売り金太	
	04・01	04・25	歌舞伎座	京鹿子娘道成寺	所化	四月大歌舞伎／配役一覧に役名あり
	04・15			夜の鼓［映画］	小倉文六	製作：現代ぷろだくしょん、配給：松竹
	05・02	05・26	明治座	近江源氏先陣館　盛綱陣屋	古郷新左衛門	五月大歌舞伎
	09・01	09・25	歌舞伎座	戦国御前	清康の妹お久	九月大歌舞伎
				茨木	士卒藤内	
	09・21		歌舞伎座	勧進帳	源義経	第七十回子供かぶき教室
	10・03	10・27	新宿松竹座	菅原伝授手習鑑　車引	桜丸	十月興行新鋭若手大歌舞伎
	11・01	11・26	歌舞伎座	慶応戊辰年	浜野定四郎	芸術祭十一月大歌舞伎
	11・23		歌舞伎座	高坏	高足売	第七十二回子供かぶき教室
昭34 一九五九	01・02	01・26	新宿第一劇場	討入前夜　主税と右衛門七	大石主税	新宿第一劇場改名披露、壽初春新鋭大歌舞伎
	02・04		NTV	曾我兄弟［TV］	十郎	
	04・01	04・25	歌舞伎座	勧進帳	駿河次郎	奉祝四月大歌舞伎
	04・27	04・28	新橋演舞場	嬢景清八嶋日記	土屋郡内	歌舞伎と文楽の提携による試演会
	06・02	06・26	新橋演舞場	極付幡随長兵衛	子分極楽十三	六月興行大歌舞伎
	09・01	09・25	歌舞伎座	ひとり狼	島小僧の喜代蔵	五世中村歌右衛門廿年祭、九月大歌舞伎
	10・20		NTV	野菊の墓［TV］	政夫	
	11・01	11・26	歌舞伎座	桜姫東文章	役僧知光	芸術祭十一月大歌舞伎
昭35 一九六〇	01・02	01・28	歌舞伎座	二條城の清正	豊臣秀頼	壽新春大歌舞伎
	02・01	02・25	歌舞伎座	慶喜命乞	葦田軍助	二月興行大歌舞伎
	03・01	03・24	明治座	弁天娘女男白浪	青砥左衛門	再開場二周年記念、三月大歌舞伎
	03・28		文京公会堂	一條大蔵譚　奥殿	一條大蔵卿	木の芽会第一回公演、古典歌舞伎

年	開始	終了	劇場	演目	役	備考
						研究
	09・01	09・25	歌舞伎座	河内山宗春	宗春の倅三之助	再興十周年改装披露記念興行、九月大歌舞伎
	09・11			敵は本能寺にあり［映画］	森蘭丸	製作・配給：松竹
	10・19			笛吹川［映画］	安蔵	製作・配給：松竹
	10・30	11・25	東京宝塚劇場	敦煌	尉遅光	東宝グランド・ロマンス、第十五回芸術祭主催公演
	11・29		新橋演舞場	花がたみ	（立方）	吉右衛門を偲ぶ会、いさゝ波
	12・11		CX	三人の義士［TV］	矢頭右衛門七	侍 第六回
昭36 一九六一	01・02	01・26	歌舞伎座	弁天娘女男白浪	忠信利平	壽新春大歌舞伎
	02・01	02・26	歌舞伎座	七代目松本幸四郎追善口上（夜の部）		七代目松本幸四郎追善特別公演
	03・29		産経ホール	船揃	（立方）	第二回名優舞踊祭、日本俳優協会東西合併記念
	04・12		TBS	おもいちがい物語［TV］	典木泰三	山本周五郎アワー 第一回
	04・23		TBS	野菊の武士［TV］	金沢弥兵太	日曜観劇会二百回記念ドラマ
	04・29	04・30	芸術座	梶原平三誉石切	梶原平三	木の芽会第二回公演
	06・02	06・28	東京宝塚劇場	寿二人三番叟	三番	東宝劇団歌舞伎公演
				野薔薇の城砦	芹沢平九郎	
	07・02	07・26	梅田コマ劇場	鶴寿の顔見世	色奴、男伊達	東宝劇団披露歌舞伎公演
				野薔薇の城砦	芹沢平九郎	
	09・03	10・15	芸術座	有間皇子	有間皇子	東宝劇団特別公演
	10・		大阪産経会館	有間皇子	有間皇子	東宝劇団
	11・22			野盗風の中を走る［映画］	むっつりの弥助	製作・配給：東宝
	12・01	12・23	産経ホール	一谷嫩軍記 熊谷陣屋	堤軍次	東宝劇団歌舞伎公演
昭37 一九六二	01・02	02・26	芸術座	怪盗鼠小僧	畳屋半助	東宝劇団新春娯楽特別公演
	03・30	04・01	芸術座	菅原伝授手習鑑 加茂堤・賀の祝・	梅王丸【加茂堤・賀の	木の芽会第三回公演

				寺子屋	祝】、武部源蔵【寺子屋】	
	06・02	06・30	東京宝塚劇場	花の生涯	多田帯刀	東宝劇団特別公演
	09・27		NTV	くちづけ［TV］	欽一	武田ロマン劇場（二十三）
	11・03			忠臣蔵　花の巻・雪の巻［映画］	萱野三平	製作・配給：東宝
昭38 一九六三	04・27	04・29	芸術座	近江源氏先陣館　盛綱陣屋 夏祭浪花鑑	信楽太郎 団七九郎兵衛	古典歌舞伎研究、木の芽会第四回公演
	04・28		NHK	鎖国［TV］	五作	
	07・10	07・30	読売ホール	桑名屋徳蔵入舟噺	高丸亀次郎	東宝劇団夏の特別公演
	08・26		NET	家康無情［TV］	信康	
	09・05	09・29	読売ホール	蒼き狼	カサル	東宝現代劇
	11・02	11・27	明治座	湯島切通し 明智光秀	神谷十次郎 森蘭丸	東宝・明治座提携、東宝劇団、十一月公演
	12・01	12・25	大阪新歌舞伎座	明智光秀 二條城の清正 三人片輪	森蘭丸 豊臣秀頼 盲半之丞	日本ドリーム観光・東宝提携、東宝劇団初出演、十二月興行
昭39 一九六四	02・08	03・03	東京宝塚劇場	蒼き狼	カサル	東宝現代劇二月特別公演
	03・24	03・27	芸術座	双蝶々曲輪日記　角力場・米屋・難波裏殺し・引窓	放駒長吉【角力場・米屋・難波裏殺し】、南与兵衛後に南方十次兵衛【引窓】	古典歌舞伎研究、木の芽会第五回公演
	04・01	04・28	大阪新歌舞伎座	千姫御殿 極付幡随長兵衛 元禄忠臣蔵　大石最後の一日 男達ばやり	坂崎出羽守 坂田公平、出尻清兵衛 磯貝十郎左衛門 朝日奈三郎兵衛	松本幸四郎・山本富士子、東宝劇団、四月特別公演
	05・02	05・26	御園座	一谷嫩軍記　熊谷陣屋 蛍	堤軍次 （長州藩士）三吉慎蔵	御園座・東宝提携第一回公演、東宝劇団五月公演

				かあちゃん	（泥棒）勇吉	
				雪月花　第一景：鷺と烏、第五景：供奴	若き男（烏の精）【鷺と烏】、殿様【供奴】	
	06・03	06・30	東京宝塚劇場	花と匕首	江口房之助	東宝劇団六月特別公演
	07・01	07・22	CX	初恋物語（全四回）［TV］	学生時代の昇平	
	09・01	09・26	明治座	原田家の人々 新平家物語　清盛と常磐 さぶ	堀内茂助 光厳 さぶ	東宝・明治座提携、東宝劇団九月特別公演／病気のため中途で休演
	10・17	12・27	芸術座	濹東綺譚	種田順平	東宝現代劇、第十九回芸術祭主催公演
昭40 一九六五	02・02	02・28	東京宝塚劇場	伊達政宗 鬼の少将夜長話 むさしの兄弟	伊達小次郎 三人の鬼 相模屋仙之助	七世松本幸四郎追善特別公演
	03・01	03・25	歌舞伎座	名和長年 勧進帳	子息又三郎義泰 片岡八郎	七世松本幸四郎追善、三月大歌舞伎
	06・03	06・29	東京宝塚劇場	般若寺絵巻 長崎出島	木工右馬允知時 末永伊作	東宝劇団六月特別公演
	07・14	07・25	芸術座	東海道四谷怪談	直助権兵衛、小汐田又之丞	古典歌舞伎研究、木の芽会第六回公演
	07・29	08・01	名鉄ホール	東海道四谷怪談	直助権兵衛、小汐田又之丞	木の芽会公演
	09・18	09・26	芸術座	繪本合法辻　立場の太平次	孫七	東宝劇團名作歌舞伎
	10・02	10・26	御園座	双蝶々曲輪日記　角力場 菅原伝授手習鑑　車引	放駒長吉 梅王丸	十月名古屋初顔見世興行、御園座創立七十周年記念
	12・01	12・26	南座	菅原伝授手習鑑　車引 近江源氏先陣館　盛綱陣屋 積恋雪関扉	松王丸 信楽太郎 義峯少将宗貞（代役）	京の年中行事、当る午歳寿吉例顔見世興行

				土蜘	番卒次郎	
昭41 一九六六	01・02	01・30	東京宝塚劇場	新太閤記	与助のちに木下藤吉郎	新春歌舞伎東宝劇団特別公演
				八幡船	孫八実は大国左近	
	03・03	03・24	CX	さぶ（全四回）［TV］	さぶ	
	05・01	06・12	芸術座	赤と黒	ジュリアン・ソレル	東宝現代劇名作公演
	06・15	06・27	芸術座	ひらかな盛衰記　逆櫓	松右衛門実は樋口次郎兼光	木の芽会第七回公演
				素襖落	大名	
	09・20	09・26	帝国劇場	序開きの式		帝国劇場開場披露オール東宝スターオープニング・フェスティバル開幕
	10・01	10・28	帝国劇場	中村萬之助改め二代目中村吉右衛門襲名披露口上		帝国劇場開場披露歌舞伎公演、二代目中村吉右衛門襲名
				祇園祭礼信仰記　金閣寺	此下東吉実は真柴久吉	
				積恋雪関扉	義峯少将宗貞	
				盲長屋梅加賀鳶	加賀鳶竹五郎	
	12・02	12・23	国立劇場大劇場	菅原伝授手習鑑　車引・賀の祝	梅王丸	国立劇場開場記念、第二回十二月歌舞伎公演
昭42 一九六七	02・02	02・26	歌舞伎座	一谷嫩軍記　陣門・組打	敦盛、小次郎	二月大歌舞伎
				二月堂秘法　達陀	練行衆	
				極付幡随長兵衛	出尻清兵衛	
	04・01	06・24	フジテレビ	おーい！わが家［TV］	高岡吉男	
	04・29	06・26	芸術座	太宰治の生涯　同氏作品集より	私	東宝現代劇特別公演
	08・04	08・13	国立劇場小劇場	時今也桔梗旗揚	武智光秀	木の芽会第八回公演
				勧進帳	富樫左衛門	
	09・15		NHK	文五捕物絵図（第二十二回）［TV］	平吉	
	10・01	10・25	御園座	菅原伝授手習鑑　寺子屋	武部源蔵	昭和四十二年度名古屋市民芸術祭

				一條大蔵譚　奥殿 盲長屋梅加賀鳶	一條大蔵卿 加賀鳶魁勇次	参加、吉例名古屋顔見世興行、二代目中村吉右衛門・八代目中村福助・五代目中村松江・六代目中村東蔵襲名披露
昭43 一九六八	01・02	01・29	東京宝塚劇場	徳川の夫人たち	鷹司信平	東宝新春特別公演
	02・04	02・15	国立劇場小劇場	一谷嫩軍記　熊谷陣屋 土蜘	源義経 僧智籌実は土蜘の精	木の芽会第九回公演
	02・24			藪の中の黒猫［映画］	彼（藪ノ銀時）	製作：近代映画協会・日本映画新社、配給：東宝
	03・04	03・12	帝国劇場	徳川の夫人たち	鷹司信平	帝劇特別公演
	03・17	04・24	帝国劇場	忠臣蔵	勝田新左衛門	帝劇歌舞伎第二回公演
	04・23		MBS	歌行燈［TV］	恩地喜多八	
	07・04	07・31	東京宝塚劇場	弥次喜多　東海道中膝栗毛	喜多八	東宝七月特別公演
	09・01	10・27	芸術座	さぶ	さぶ	明治百年記念芸術祭参加特別公演・東宝現代劇
	11・01	12・27	芸術座	カリーライス誕生	相良淳蔵	東宝現代劇特別公演
昭44 一九六九	01・02	01・28	東京宝塚劇場	天と地と	武田晴信	東宝新春特別公演
	03・03	07・14	テレビ朝日	ながい坂（全二十回）［TV］	三浦主水正	
	05・24			心中天網島［映画］	紙屋治兵衛	製作：表現社・日本ATG、配給：日本ATG
	06・30		東京宝塚劇場	越後獅子	（立方）	第十一回俳優祭
	07・03	07・07	芸術座	双蝶々曲輪日記　角力場・米屋・難波裏殺し・引窓	濡髪長五郎	木の芽会第十回公演
	07・12			あゝ海軍［映画］	平田一郎	製作・配給：大映
	07・21	08・29	芸術座	巨人の星	父親星一徹	東宝「みどりの劇場」第一回公演
	10・01	10・26	明治座	ながい坂 上意討ち	三浦主水正 笹原与五郎	松本幸四郎、十月特別公演

	10・04	（一九七〇）03・28	日本テレビ	右門捕物帖（全二十六回）［TV］	むっつり右門（近藤右門）	
	12・03	12・25	国立劇場大劇場	元禄忠臣蔵　江戸城の刃傷	多門伝八郎	第二十九回十二月歌舞伎公演
昭45 一九七〇	01・02	02・28	芸術座	雪国	島村	東宝現代劇新春特別公演
	04・03	04・30	帝国劇場	風と雲と砦	山名鬼頭太	帝劇グランド・ロマン公演
	05・05	05・29	歌舞伎座	一條大蔵譚　奥殿 三世中村歌六五十回忌追善口上 松浦の太鼓 釣女	一條大蔵卿 大高源吾 太郎冠者	三世中村歌六五十回忌追善、五月大歌舞伎
	05・08	07・03	芸術座	雪国	島村	東宝現代劇特別公演
	07・09	07・22	国立劇場小劇場	仮名手本忠臣蔵　七段目 勧進帳	千崎弥五郎 武蔵坊弁慶	木の芽会十周年記念公演
	09・01	09・27	帝国劇場	鬼平犯科帳 勧進帳 一谷嫩軍記　熊谷陣屋 初代中村吉右衛門十七回忌追善口上	木村忠吾 源義経 熊谷直実	初代中村吉右衛門十七回忌追善、帝劇九月特別公演
	10・03	10・28	東京宝塚劇場	王朝ミュージカル・夜な夜な中納言 横浜どんたく　富貴楼おくら	宵待の朝臣 志賀敬太	東宝十月秋の特別公演
	11・05	11・27	国立劇場大劇場	大老	古関次之介	第三十六回十一月歌舞伎公演
	12・03	12・23	国立劇場大劇場	元禄忠臣蔵　江戸城の刃傷・仙石屋敷・大石最後の一日	多門伝八郎【江戸城の刃傷】、磯貝十郎左衛門【仙石屋敷・大石最後の一日】	第三十七回十二月歌舞伎公演
昭46 一九七一	01・02	02・25	芸術座	可愛い女	仁科浩平	東宝現代劇新春特別公演
	03・02	03・28	帝国劇場	七世松本幸四郎二十三回忌追善口上 椿三十郎 三人盗賊 助六曲輪江戸桜	 井坂十郎太 鬼丸 朝顔仙平	帝国劇場開場六十周年記念、七世松本幸四郎二十三回忌追善、三月大歌舞伎

年	初日	千穐楽	劇場	演目	役	備考
	04・03	04・27	明治座	天地静大 日蓮 鬼平犯科帳　狐火	杉浦透 北条時宗 文吉	松本幸四郎、四月奮斗公演
	05・01	05・25	大阪新歌舞伎座	菅原伝授手習鑑　寺子屋 彦山権現誓助劔　毛谷村 籠釣瓶花街酔醒	松王丸 毛谷村六助 下男治六	第三回吉例大阪顔見世、襲名披露大歌舞伎
	06・04	06・30	帝国劇場	風林火山	山本勘助	帝劇グランド・ロマン特別公演
	08・14	08・16	国立劇場小劇場	積恋雪関扉	関兵衛実は黒主(昼の部)	第四回青年歌舞伎祭、木の芽会公演
	10・02	10・23	地方巡業	吉右衛門襲名披露口上 菅原伝授手習鑑　寺子屋 土蜘	 武部源蔵 僧智籌実は土蜘の精	
	10・07	(一九七二)03・30	テレビ朝日	鬼平犯科帳　第二シリーズ［TV］	長谷川辰蔵	
	12・03	12・26	帝国劇場	仮名手本忠臣蔵　七段目 義経千本桜　吉野山 勧進帳 松浦の太鼓	寺岡平右衛門 忠信実は源九郎狐 富樫左衛門 松浦鎮信	帝劇大歌舞伎十二月特別公演
	12・26		TBS	すぎし去年［TV］	弥八	
昭47 一九七二	01・02	02・28	芸術座	桐の花咲く	戸田岩男	東宝現代劇新春特別公演
	04・06	04・30	帝国劇場	春の嵐　戊辰凌霜隊始末	片桐段六	帝劇グランド・ロマン公演
	05・02	05・26	大阪新歌舞伎座	勧進帳 元禄忠臣蔵　御浜御殿 土蜘	富樫左衛門 富森助右衛門 僧智籌実は土蜘の精	第四回吉例大阪顔見世花形歌舞伎
	06・04	06・26	国立劇場大劇場	滝の白糸	村越欣弥	六月新派公演
	07・07	09・29	TBS	いま炎のとき（全十三回）［TV］	科学評論家藤瀬史郎	
	10・02	10・26	歌舞伎座	勧進帳	武蔵坊弁慶（11～18日）／富樫左衛門（3～6	藝術祭十月大歌舞伎

					日、23～26日）／源義経	
				盲長屋梅加賀鳶	（7～10日、19～22日）加賀鳶魁勇次	
				近江源氏先陣館　盛綱陣屋	信楽太郎	
				四千両小判梅葉	隅隠居音羽勘右衛門	
				乗合船恵方萬歳	鳶頭萬太	
	11・05	11・27	国立劇場大劇場	高瀬舟	利作	第五十三回十一月歌舞伎公演
				嬢景清八嶋日記	土屋郡内	
	12・02	12・25	帝国劇場	一條大蔵譚　檜垣・奥殿	吉岡鬼次郎	帝劇大歌舞伎十二月特別公演
				土蜘	僧智籌実は土蜘の精	
				冥途の飛脚　梅川忠兵衛　新口村	亀屋忠兵衛	
				積恋雪関扉	義峯少将宗貞	
				天衣紛上野初花　河内山	河内山宗俊	
昭48 一九七三	01・02	02・27	帝国劇場	新・平家物語	源義経	新春特別公演
	03・03	03・27	南座	一條大蔵譚　檜垣・奥殿	一條大蔵卿	三月花形歌舞伎
				弁天娘女男白浪　浜松屋・勢揃	日本駄右衛門	
				素襖落	大名	
				天衣紛上野初花　河内山と直侍	河内山宗俊	
	05・03	05・29	帝国劇場	暗闇の丑松	美濃半の煮方丑松	中村吉右衛門・若尾文子帝劇五月特別公演
				鬼の少将夜長話	春雅	
	06・05	06・27	国立劇場大劇場	小絲佐七お房綱五郎　心謎解色絲	本庄綱五郎	第五十九回六月歌舞伎公演
	08・17	08・19	国立劇場小劇場	伊勢音頭恋寝刃	福岡貢	第六回青年歌舞伎祭、木の芽会公演
	09・02	09・26	歌舞伎座	土蜘	僧智籌実は土蜘の精	新秋九月大歌舞伎
				東海道四谷怪談	直助権兵衛	
	10・05	10・27	国立劇場大劇場	婦系図	早瀬主税	第二回十月新派公演
	11・04	11・26	国立劇場大劇場	江戸城総攻　将軍江戸を去る	徳川慶喜	第六十一回十一月歌舞伎公演
	12・01	12・25	帝国劇場	高時	北条高時	帝劇大歌舞伎十二月特別公演

				勧進帳	富樫左衛門	
				国性爺合戦	甘輝	
				雪暮夜入谷畦道	片岡直次郎	
昭49 一九七四	01・02	02・27	帝国劇場	国盗り物語　信長と光秀	明智光秀	新春特別公演
	03・01	03・25	南座	双蝶々曲輪日記　引窓	南与兵衛後に南方十次兵衛	三月花形歌舞伎
				勧進帳	武蔵坊弁慶(6~9日・18~21日)/富樫左衛門(2~5日・22~25日)/源義経(10~17日)	
	04・02	04・27	歌舞伎座	時今也桔梗旗揚	武智光秀	陽春四月大歌舞伎
				新皿屋舗月雨暈　魚屋宗五郎	磯部主計之助	
				源氏物語　朧月夜かんの君	朱雀帝	
				花街模様薊色縫　十六夜清心	清心	
	05・02	05・26	歌舞伎座	春日局	青山忠俊	五月大歌舞伎
				勧進帳	亀井六郎	
				頼朝の死	畠山重保	
				梅雨小袖昔八丈　髪結新三	下剃勝奴	
				釣女	太郎冠者	
	06・04	06・28	新橋演舞場	菅原伝授手習鑑　寺子屋	松王丸	六月花形歌舞伎
				紅葉狩	平維茂	
				元禄忠臣蔵　御浜御殿	富森助右衛門	
				義経千本桜　吉野山	忠信実は源九郎狐	
	08・18	08・20	国立劇場小劇場	与話情浮名横櫛　源氏店	与三郎	第七回青年歌舞伎祭、木の芽会公演
				再茲歌舞伎花轢　お祭り	鳶頭	
	09・02	09・26	歌舞伎座	吹雪峠	直吉	九月大歌舞伎
				極付幡随長兵衛	出尻清兵衛	
				道行旅路の花聟　落人	早野勘平	

	10・05	10・27	国立劇場大劇場	曽我綉俠御所染　御所五郎蔵 日本橋	子分梶原平蔵 葛木晋三	第三回十月新派公演
	11・05	11・27	国立劇場大劇場	戰國流轉記	善十事鎌田刑部左衛門	第六十八回十一月歌舞伎公演
	12・02	12・25	帝国劇場	御存鈴ヶ森 弁天娘女男白浪　浜松屋・勢揃 与話情浮名横櫛　源氏店	幡随院長兵衛 南郷力丸 与三郎	帝劇大歌舞伎十二月特別公演
昭50 一九七五	01・02	01・26	新橋演舞場	風流深川唄 歌行燈 新年の寿	長蔵 恩地喜多八 名古屋山三	新派初春特別公演、中村吉右衛門特別参加
	01・30		国立劇場大劇場	御存知鈴ヶ森 白雪姫	雲助 森の動物たち　クマ	第十六回俳優祭
	02・01	02・25	新橋演舞場	鎌倉三代記 隅田川続俤　法界坊 半七捕物帳　勘平の死	佐々木高綱 道具屋甚三 千崎弥五郎（劇中劇）、和泉屋番頭和吉	二月大歌舞伎
	03・01	03・25	南座	大森彦七 梶原平三誉石切 土蜘	大森彦七 梶原平三 源頼光	三月花形歌舞伎
	04・03	04・27	中日劇場	婦系図	早瀬主税	陽春特別公演
	05・03	05・27	新橋演舞場	皇女和の宮	帥の宮	松竹八十周年記念、五月新派特別公演、中村吉右衛門・坂東玉三郎特別参加
	05・04	05・28	歌舞伎座	菅原伝授手習鑑　車引	松王丸	松竹八十周年記念、五月大歌舞伎
	07・03	07・27	歌舞伎座	東海道中膝栗毛 颶風時代　御殿山焼討 助六曲輪澤瀉桜	北八 志道聞多 くわんぺら門兵衛	初代市川猿翁・三代目市川段四郎十三回忌追善、七月大歌舞伎
	08・08	08・10	国立劇場小劇場	夏祭浪花鑑	団七九郎兵衛	第八回青年歌舞伎祭、木の芽会公演

年	開始	終了	劇場	演目	役	備考
	09・01	09・25	歌舞伎座	勧進帳 暫 七世松本幸四郎二十七回忌追善口上 仮名手本忠臣蔵　七段目	亀井六郎 成田五郎義秀 寺岡平右衛門	七世松本幸四郎二十七回忌追善、九月大歌舞伎
	10・02	10・26	御園座	時今也桔梗旗揚 近江源氏先陣館　盛綱陣屋 元禄忠臣蔵　大石最後の一日 勧進帳	武智光秀 信楽太郎 磯貝十郎左衛門 富樫左衛門	創立八十周年記念興行、吉例名古屋顔見世
	11・05	11・27	国立劇場大劇場	平将門　叛逆時代	平貞盛	第七十五回十一月歌舞伎公演
	12・02	12・25	帝国劇場	義経千本桜　すし屋 井伊大老　雪の雛 さぶ	梶原平三 井伊直弼 さぶ	吉例帝劇大歌舞伎十二月特別公演
昭51 一九七六	01・02	01・26	新橋演舞場	金色夜叉 振袖紅梅	間貫一 佐藤友次郎	新派初春公演、中村吉右衛門特別参加
	04・02	04・26	歌舞伎座	鶴亀 加賀見山旧錦絵 宮島だんまり 弥栄芝居賑　猿若座芝居前	鶴 奴伊達平 結城采女之助 男達播磨屋辰次	江戸歌舞伎三百五十年、猿若祭四月大歌舞伎
	05・02	05・26	大阪新歌舞伎座	勧進帳 天衣紛上野初花　河内山	富樫左衛門 河内山宗俊	吉例第八回大阪顔見世大歌舞伎
	06・04	06・28	新橋演舞場	連獅子	狂言師右近後に親獅子の精	六月花形歌舞伎
	07・01	08・08	地方巡業	時今也桔梗旗揚 梶原平三誉石切 お目見得口上 松浦の太鼓	武智光秀 梶原平三 大高源吾	松竹大歌舞伎特別公演
	09・02	09・26	歌舞伎座	鬼一法眼三略巻　菊畑 九代目澤村宗十郎・二代目澤村藤	奴智恵内	九代目澤村宗十郎・二代目澤村藤十郎襲名披露、九月大歌舞伎

年	初日	千秋楽	劇場	演目	役	公演名
	10・01	10・25	御園座	十郎襲名披露口上		東西合同大歌舞伎、吉例名古屋顔見世
				巷談宵宮雨	虎鰒の太十	
				将軍江戸を去る	徳川慶喜	
				雨の五郎	曽我五郎	
				仮名手本忠臣蔵　七段目	寺岡平右衛門	
	11・01	11・25	歌舞伎座	吉例寿曽我	八幡三郎行成	顔見世復活二十周年、吉例顔見世大歌舞伎
				一谷嫩軍記　熊谷陣屋	源義経	
				盲長屋梅加賀鳶	加賀鳶雷五郎次	
				伽羅先代萩　対決・刃傷	渡辺民部	
	12・03	12・25	帝国劇場	一谷嫩軍記　陣門・組討	熊谷直実	吉例帝劇大歌舞伎十二月特別公演
				弁天娘女男白浪　浜松屋・勢揃	南郷力丸	
				鳥辺山心中	坂田市之助	
				勧進帳	富樫左衛門	
昭52 一九七七	01・02	01・26	歌舞伎座	女暫	(後見)	壽初春大歌舞伎
				井伊大老	長野主膳	
				鴛鴦襖恋睦	股野五郎	
				ぢいさんばあさん	下島甚右衛門	
	02・26		NHKホール	仮名手本忠臣蔵　七段目	寺岡平右衛門	第三回NHK古典芸能鑑賞会
	04・03	04・27	国立劇場大劇場	隅田川花御所染　女清玄	猿島惣太実は粟津七郎	第八十五回四月歌舞伎公演
	05・03	05・27	大阪新歌舞伎座	聚楽物語	関白豊臣秀次	吉例第九回大阪顔見世大歌舞伎、九代目澤村宗十郎・二代目澤村藤十郎襲名披露
				九代目澤村宗十郎・二代目澤村藤十郎襲名披露口上		
				親子燈籠	御家人片岡直次郎	
				高坏	高下駄売	
				巷談宵宮雨	虎鰒の太十	
	06・04	06・26	国立劇場大劇場	本朝廿四孝	長尾景勝	第八十六回六月歌舞伎公演
	06・30	07・31	地方巡業	本朝廿四孝　十種香	蓑作実は武田勝頼	松竹大歌舞伎特別公演
				お目見得口上		

	09・01	09・25	歌舞伎座	伊賀越道中双六　沼津 名月八幡祭 身替座禅 勧進帳	呉服屋十兵衛 縮屋新助 太郎冠者 武蔵坊弁慶（10～17日）／富樫左衛門（2～5日、22～25日）／源義経（6～9日、18～21日）	九月大歌舞伎
	10・01	10・25	歌舞伎座	怪談蚊喰鳥 平家物語　建礼門院 双蝶々曲輪日記　角力場・引窓	遊人孝次郎 平重衡 濡髪長五郎	十月大歌舞伎
	10・26		歌舞伎座	吉野の雪	義経	昭和五十二年度文化庁芸術祭参加、現代吟詠鈴木鶯風公演
	10・27		浅草公会堂	鶴亀		浅草公会堂こけら落し
	11・05	11・27	国立劇場大劇場	海援隊　龍馬と同志の人びと	坂本龍馬	第八十八回十一月歌舞伎公演
	12・03	12・25	国立劇場大劇場	天衣紛上野初花　河内山と直侍	松江出雲守	第八十九回十二月歌舞伎公演
昭53 一九七八	01・02	01・26	歌舞伎座	春のことぶれ　桜の花槍（花槍） 根元草摺引 一條大蔵譚　檜垣・奥殿 元禄忠臣蔵　御浜御殿	伊達奴信内 曽我五郎 一條大蔵卿（代役） 富森助右衛門	壽初春大歌舞伎
	03・04	03・29	帝国劇場	菊櫻　加賀百万石の夫婦	前田利家	帝劇三月特別公演
	04・01	04・25	歌舞伎座	矢の根 皐月闇宇都谷峠 京鹿子娘道成寺	曽我五郎 伊丹屋十兵衛 所化清浄坊	陽春四月大歌舞伎
	05・03	05・28	大阪新歌舞伎座	みだれ鼓 錦舞扇　艶姿祭囃子・錦舞扇	（藩士）小倉彦九郎 鳶頭吉蔵【艶姿祭囃子】、鳶頭【錦舞扇】	新歌舞伎座開場二十周年記念、新歌舞伎座出演十五周年記念山本富士子特別公演、中村吉右衛門特別出演、澤村藤十郎・坂東簑助出演
	06・03			お吟さま［映画］	高山右近	製作：宝塚映画製作所、配給：東宝

年	開始	終了	劇場	演目	役	備考
	06・03	06・27	新橋演舞場	ひらかな盛衰記　逆櫓 素襖落 地獄変 夏祭浪花鑑	畠山重忠 太郎冠者 絵師良秀 団七九郎兵衛	六月花形歌舞伎
	06・10			白き氷河の果てに［映画］	ナレーター	製作：北斗映画プロダクション、配給：東宝東和
	07・04	07・25	国立劇場大劇場	義経千本桜　すし屋	いがみの権太	第十三回歌舞伎鑑賞教室
	08・26	09・23	地方巡業	梶原平三誉石切 お目見得口上 仮名手本忠臣蔵　七段目	梶原平三 寺岡平右衛門	松竹大歌舞伎特別公演
	09・30	10・25	御園座	梶原平三誉石切 土蜘 曽我綉侠御所染　御所五郎蔵 劇団結成三十年御挨拶　初霞空住吉　かっぽれ	梶原平三 渡辺源次綱 星影土右衛門 吉坊主	菊五郎劇団結成三十年記念、第十四回吉例顔見世
	10・27		歌舞伎座	六歌仙容彩　喜撰 滑稽俄安宅新関	所化 旅行者一	第十八回俳優祭
	11・05	11・27	国立劇場大劇場	元禄忠臣蔵　江戸城の刃傷・最後の大評定	多門伝八郎【江戸城の刃傷】、井関徳兵衛【最後の大評定】	第九十四回歌舞伎公演、真山青果生誕百年記念
	11・30	12・25	南座	矢の根 新皿屋舗月雨暈　魚屋宗五郎 土屋主税	曽我五郎 磯部主計之助 大高源吾	京の年中行事、当る未歳吉例顔見世興行、東西合同大歌舞伎
昭54 一九七九	01・02	01・26	歌舞伎座	梶原平三誉石切 三人吉三巴白浪	梶原平三 和尚吉三	当る未歳壽初春大歌舞伎
	02・01	02・25	新橋演舞場	土蜘 将軍江戸を去る 杜若艶色紫	僧智籌実は土蜘の精 徳川慶喜 佐野次郎左衛門	二月花形歌舞伎

03・04	03・28	歌舞伎座	黄金の日日 祇園祭礼信仰記　金閣寺 俠客春雨傘 神楽諷雲井曲毬　どんつく	石田三成 此下東吉実は真柴久吉 曲輪の鳶頭辰五郎 太鼓打亀吉	三月顔合せ大歌舞伎
04・01	04・25	歌舞伎座	新薄雪物語 戻駕色相肩 茨木	刀鍛冶団九郎 浪花の次郎作実は石川五右衛門 士卒運藤	陽春四月大歌舞伎
05・01	05・26	大阪新歌舞伎座	花の吉原百人斬り	次郎左衛門	京マチ子特別公演、中村吉右衛門特別出演
06・03	06・27	新橋演舞場	籠釣瓶花街酔醒 勧進帳	佐野次郎左衛門 富樫左衛門	演舞場お名残り公演、六月名作歌舞伎
06・30	07・31	地方巡業	細川ガラシャ夫人 頼朝の死 お目見得口上	細川忠興 源頼家	松竹大歌舞伎特別公演
08・10	08・22	国立劇場小劇場	勧善懲悪覗機関　村井長庵	村井長庵、紙屑買久八	第九十九回八月歌舞伎公演
08・30	09・25	地方巡業	鳴神 お目見得口上	鳴神上人	文化庁移動芸術祭歌舞伎公演
10・01	10・25	歌舞伎座	仮名手本忠臣蔵　七段目 山椒大夫　安寿と厨子王 猩々 三社祭 盲長屋梅加賀鳶 米百俵	寺岡平右衛門 関白藤原師実 猩々 善玉 加賀鳶魁勇次 伊東喜平太	藝術祭十月大歌舞伎
10・27		長岡市立劇場	米百俵	伊東喜平太	松竹大歌舞伎特別公演
11・04	11・26	国立劇場大劇場	元禄忠臣蔵　伏見撞木町・御浜御殿・南部坂雪の別れ	徳川綱豊【御浜御殿】・羽倉斎宮【南部坂雪の別れ】（4日）、徳川綱豊・	第一〇〇回十一月歌舞伎公演／松本幸四郎休演による代役

年	初日	千穐楽	劇場	演目	役	備考
					大石内蔵助【伏見撞木町・南部坂雪の別れ】（代役／5日より）	
	11・30	12・25	南座	籠釣瓶花街酔醒 将軍江戸を去る	佐野次郎左衛門 徳川慶喜	南座松竹経営七十五年記念、京の年中行事、当る申歳吉例顔見世興行、東西合同大歌舞伎
昭55 一九八〇	01・02	01・27	浅草公会堂	鳴神 雪暮夜入谷畦道	鳴神上人 片岡直次郎	壽初春花形歌舞伎
	02・28		NHKホール	平家女護島　俊寛	丹左衛門	第六回NHK古典芸能鑑賞会
	03・01	03・27	歌舞伎座	仮名手本忠臣蔵　大序・三段目・四段目・道行旅路の花聟・五段目・六段目	塩冶判官【大序・三段目・四段目】（8～14日、22～27日）／斧定九郎【五段目】（8～14日、22～27日）／早野勘平【道行旅路の花聟・五段目・六段目】（1～7日、15～21日）	三月花形大歌舞伎
	03・28		歌舞伎座	其噂櫻色時　身替りお俊	関取白藤源太	雀右衛門の会第一回公演
	04・09	09・24	テレビ東京	斬り捨て御免！　第一シリーズ（全二十四回）［TV］	花房出雲	
	05・01	05・25	大阪新歌舞伎座	日本巌窟王	葵月之介	五月薫風公演
	07・27		NHKホール	弁天娘女男白浪　浜松屋・勢揃	日本駄右衛門	第五回NHK伝統芸能の会
	09・01	09・26	歌舞伎座	双蝶々曲輪日記　引窓 釣女 鬼一法眼三略巻　菊畑 初代中村吉右衛門二十七回忌追善口上	南与兵衛後に南方十次兵衛 太郎冠者 奴智恵内	初代中村吉右衛門二十七回忌追善、九月大歌舞伎

	10・03	10・27	御園座	番町皿屋敷 弁天娘女男白浪　浜松屋・勢揃 上意討ち	青山播磨 日本駄右衛門 笹原監物	創立八十五周年記念、第十六回吉例顔見世、八代目坂東彦三郎襲名披露
	12・02	12・25	国立劇場大劇場	玉藻前曦袂　金毛九尾狐・那須野原殺生石	薄雲皇子【金毛九尾狐】、座頭【殺生石】	第一〇八回十二月歌舞伎公演
昭56 一九八一	01・02	01・26	歌舞伎座	松竹梅　竹 傾城反魂香 人情噺文七元結 梶原平三誉石切	金吾卿 浮世又平 鳶頭伊兵衛 俣野五郎	当る酉歳壽初春大歌舞伎
	03・01	03・26	歌舞伎座	殉死禁令 積恋雪関扉	三十俵取りの侍中村五助 関兵衛実は黒主	三月大歌舞伎
	04・02	04・26	歌舞伎座	元禄忠臣蔵　最後の大評定・御浜御殿・南部坂雪の別れ	井関徳兵衛【最後の大評定】、徳川綱豊【御浜御殿】、羽倉斎宮【南部坂雪の別れ】	陽春四月大歌舞伎／四日より千穐楽まで休演
	04・08	09・16	テレビ東京	斬り捨て御免！　第二シリーズ（全二十五回）［TV］	花房出雲	
	06・02	06・26	歌舞伎座	妹背山婦女庭訓　御殿 五代目中村歌六・五代目中村時蔵・三代目中村歌昇襲名披露口上	鱶七実は金輪五郎	三代目中村時蔵二十三回忌追善、六月大歌舞伎、五代目中村歌六・五代目中村時蔵・三代目中村歌昇襲名披露
	09・01	09・25	歌舞伎座	巷談宵宮雨 伽羅先代萩　御殿・床下	虎鰒の太十 八汐【御殿】、仁木弾正【床下】	九月大歌舞伎
	10・02	10・26	歌舞伎座	忍夜恋曲者　将門 寿曽我対面 盲長屋梅加賀鳶 菅原伝授手習鑑　寺子屋	大宅太郎光圀（奇数日） 曽我五郎 加賀鳶春木町巳之助 武部源蔵	初代松本白鸚・九代目松本幸四郎・七代目市川染五郎襲名披露、藝術祭十月大歌舞伎

	11・01	11・25	歌舞伎座	初代松本白鸚・九代目松本幸四郎・七代目市川染五郎襲名披露口上 仮名手本忠臣蔵　七段目 素襖落 井伊大老 ひらかな盛衰記　逆櫓	 千崎弥五郎 大名 井伊直弼（代役） 松右衛門実は樋口次郎兼光	十一月吉例顔見世大歌舞伎、初代松本白鸚・九代目松本幸四郎・七代目市川染五郎襲名披露／松本白鸚休演による代役
	12・01	12・26	南座	初代松本白鸚・九代目松本幸四郎・七代目市川染五郎襲名披露口上 助六曲輪江戸桜 天衣紛上野初花　河内山 寿曽我対面	 くわんぺら門兵衛 河内山宗俊 鬼王新左衛門	南座発祥三百六十五年記念、京の年中行事、当る戌歳吉例顔見世興行、東西合同大歌舞伎
昭57 一九八二	01・02	01・26	歌舞伎座	松竹梅　青海波 彦山権現誓助剱　毛谷村 毛抜	曽我五郎 毛谷村六助 勅使桜町中将	当る戌歳寿初春大歌舞伎
	03・02	03・26	歌舞伎座	盲目の弟 近江源氏先陣館　盛綱陣屋	準吉 佐々木盛綱	三月大歌舞伎
	05・03	05・28	歌舞伎座	世響太鼓功　酒井の太鼓 三社祭	鳥居元忠 善玉	新装開場記念、團菊祭五月大歌舞伎
	06・09	11・17	テレビ東京	斬り捨て御免！　第三シリーズ（全二十二回）［TV］	花房出雲	
	07・04	07・25	国立劇場大劇場	平家女護島　俊寛	俊寛	第二十一回歌舞伎鑑賞教室
	07・22		NHKホール	勧進帳	富樫左衛門	第七回NHK伝統芸能の会
	09・02	09・26	歌舞伎座	時今也桔梗旗揚 隅田川続俤　法界坊	四王天但馬守 道具屋甚三	九月大歌舞伎
	10・02	10・27	御園座	花街模様薊色縫　十六夜清心 操三番叟	清心 翁	東西合同大歌舞伎、第十八回吉例

				菅原伝授手習鑑　寺子屋 壇浦兜軍記　阿古屋 勧進帳 雪暮夜入谷畦道　直侍	武部源蔵 岩永左衛門 富樫左衛門 片岡直次郎	顔見世、九代目松本幸四郎襲名披露
	10・30		早稲田大学大隈講堂	勧進帳	富樫左衛門	早稲田大学百周年記念行事
	11・03	11・25	国立劇場大劇場	彦山権現誓助劔　杉坂墓所・毛谷村 勧進帳	毛谷村六助 富樫左衛門	第一一七回十一月歌舞伎公演
	12・01	12・26	南座	梶原平三誉石切 ぢいさんばあさん 勧進帳	梶原平三 下島甚右衛門 富樫左衛門	京の年中行事、当る亥歳吉例顔見世興行、東西合同大歌舞伎、九代目松本幸四郎襲名披露
昭58 一九八三	01・02	01・26	歌舞伎座	菅原伝授手習鑑　寺子屋 寿曽我対面 茶壺	松王丸 曽我五郎 目代某	壽初春大歌舞伎
	02・02	02・26	新橋演舞場	花の御所始末 勧進帳	安積行秀 武蔵坊弁慶（3～15日昼、16～26日夜）／富樫左衛門（2～15日夜、16～26日昼）	二月大歌舞伎
	04・02	04・26	歌舞伎座	五重塔 梅雨小袖昔八丈　髪結新三 恋女房染分手綱　道成寺伝授	大工十兵衛 弥太五郎源七 道成寺ワキツレ僧中位坊	陽春四月大歌舞伎
	05・01	05・26	歌舞伎座	伽羅先代萩　花水橋	絹川谷蔵	團菊祭五月大歌舞伎
	05・03	05・26	新橋演舞場	蛍 婦系図	鈴木重一 早瀬主税	新装開場一周年記念、五月新派特別公演、中村吉右衛門・坂東玉三郎特別参加
	06・02	06・26	中座	平家女護島　俊寛	俊寛	関西で歌舞伎を育てる会第五回公

				椀久末松山 天衣紛上野初花　河内山	但馬主膳 河内山宗俊	演、六月花形大歌舞伎
	06・30	08・08	地方巡業	お目見得口上 茶壺	 熊鷹太郎	松竹大歌舞伎特別公演
	09・01	09・25	歌舞伎座	徳川家康 鬼一法眼三略巻　菊畑 素襖落	織田信長 奴智恵内 太郎冠者	新秋大歌舞伎、秋の歌舞伎祭九月・十月・十一月
	10・01	10・26	御園座	頼朝の死 鬼一法眼三略巻　菊畑 籠釣瓶花街酔醒	源頼家 奴智恵内 下男治六	御園座創立八十八周年記念、第十九回吉例顔見世
	10・28		歌舞伎座	白雪姫	森の動物たち　クマ	第二十二回俳優祭
	11・01	11・25	歌舞伎座	鎌倉三代記 一本刀土俵入	佐々木高綱 波一里儀十	十一月吉例顔見世大歌舞伎、秋の歌舞伎祭九月・十月・十一月
	11・05	11・28	新橋演舞場	近松物語	手代茂兵衛	十一月新派特別公演、山田五十鈴・中村吉右衛門特別参加、山田九州男三十七回忌追善
	12・01	12・25	歌舞伎座	仮名手本忠臣蔵　大序・三段目・四段目・五段目・七段目	桃井若狭之助【大序・三段目】、大星由良之助【四段目】、斧定九郎【五段目】、寺岡平右衛門【七段目】	十二月花形歌舞伎
昭59 一九八四	01・02	01・26	浅草公会堂	身替座禅 松浦の太鼓	奥方玉の井 松浦鎮信	浅草歌舞伎五周年記念、壽初春花形歌舞伎
	03・03	03・29	帝国劇場	松屋のお琴	杉森平馬のちに近松門左衛門	帝劇三月特別公演
	04・04	04・24	国立劇場小劇場	茲江戸小腕達引　腕の喜三郎	腕の喜三郎	第一二六回四月歌舞伎公演
	05・02	05・27	歌舞伎座	水天宮利生深川 弥栄芝居賑　芝居前	車夫三五郎 男伊達播磨屋辰吉	團菊祭五月大歌舞伎

	06・03	06・28	新橋演舞場	天衣紛上野初花　河内山 華岡青洲の妻	河内山宗俊 華岡青洲	新橋演舞場創立六十周年記念、六月特別公演
	08・07	09・27	地方巡業	お目見得口上 楼門五三桐（九月二十二日夜の部のみ） 伊賀越道中双六　沼津	 真柴久吉 呉服屋十兵衛	松竹大歌舞伎特別公演／九月二十二日夜の部は実川延若後援会特別公演につき「口上」に替わり「楼門五三桐」を上演
	10・02	10・26	歌舞伎座	玉藻前雲居晴衣　金毛九尾の妖狐 極付幡随長兵衛	那須八郎宗重、陰陽師安部泰親 幡随院長兵衛	藝術祭十月大歌舞伎
	11・01	11・25	歌舞伎座	双蝶々曲輪日記　引窓 一條大蔵譚　檜垣・奥殿	南与兵衛後に南方十次兵衛 吉岡鬼次郎	吉例顔見世大歌舞伎
	11・27		国立劇場大劇場	老松	（立方）	第一回松鸚會、第一回松本流舞踊研修會
	11・30	12・25	南座	元禄忠臣蔵　大石最後の一日 松浦の太鼓	大石内蔵助 大高源吾	松竹創業九十周年記念、京の年中行事、当る丑歳吉例顔見世興行、東西合同大歌舞伎
昭60 一九八五	01・02	01・26	歌舞伎座	菅原伝授手習鑑　車引 奥州安達原　環宮明御殿	松王丸 安倍貞任	壽初春大歌舞伎
	03・02	03・28	新橋演舞場	「人生劇場」より　今ひとたびの修羅	飛車角	三月特別公演
	04・01	04・26	歌舞伎座	寿曽我対面 十二代目市川團十郎襲名披露口上 助六由縁江戸桜	鬼王新左衛門 朝顔仙平	松竹創業九十周年記念、十二代目市川團十郎襲名披露、四月大歌舞伎
	05・03	05・27	歌舞伎座	一谷嫩軍記　熊谷陣屋 暫 菅原伝授手習鑑　寺子屋	熊谷直実 東金太郎義成 武部源蔵	十二代目市川團十郎襲名・七代目市川新之助初舞台、五月大歌舞伎

年	初日	千秋楽	劇場	演目	役	備考
	06・01	06・25	中座	十二代目市川團十郎・七代目市川新之助襲名披露口上		六月中座大歌舞伎
				頼朝の死	源頼家	
				伊賀越道中双六　沼津	呉服屋十兵衛	
				再桜遇清水　桜にまよふ破戒清玄	清水法師清玄、奴浪平	松貫四の名で劇作を担当
	06・27	06・29	金丸座	再桜遇清水　桜にまよふ破戒清玄	清水法師清玄、奴浪平	旧金毘羅大芝居重文指定十五周年記念、四国こんぴら歌舞伎大芝居／松貫四の名で劇作を担当
				俄獅子　お祭り・お目見得口上	世話役	
	07・06	07・20	地方巡業	お目見得口上		松竹大歌舞伎特別公演
				傾城反魂香	浮世又平	
	07・23	07・31	地方巡業	傾城反魂香	浮世又平	昭和六十年度文化庁青少年芸術劇場歌舞伎
	09・01	09・25	歌舞伎座	明治維新　暁天の星　五稜郭共和国	勝麟太郎	松竹創業九十周年記念、中村会九月大歌舞伎
				桐一葉	片桐且元	
				平家女護島　俊寛	俊寛	
	10・03	10・27	新橋演舞場	風流深川唄	長蔵	松竹創業九十周年記念、水谷八重子七回忌追善十月新派特別公演、中村吉右衛門・坂東玉三郎特別参加
				水谷八重子七回忌追善口上		
				滝の白糸	村越欣弥	
	11・01	11・25	歌舞伎座	義朝八騎落ち	源義朝	吉例顔見世大歌舞伎
	12・01	12・25	歌舞伎座	天衣紛上野初花　河内山と直侍	河内山宗俊	十二月大歌舞伎
昭61 一九八六	02・24	02・25	紀南文化劇場	勧進帳	武蔵坊弁慶	紀南文化劇場旗揚げ公演アンコールステージ
	04・01	04・25	歌舞伎座	桑名屋徳蔵入船物語	和田右衛門実は桑名屋徳蔵、梅園中納言実は相模五郎	陽春四月大歌舞伎／松貫四の名で改訂を担当

	04・09	12・03	NHK	武蔵坊弁慶（全三十二回）［TV］	武蔵坊弁慶	新大型時代劇
	04・27	04・29	金丸座	極付幡随長兵衛 闇梅百物語	幡随院長兵衛 座敷わらし実は読売辰吉	第二回四国こんぴら歌舞伎大芝居
	06・03	06・24	国立劇場大劇場	義経千本桜　河連法眼館	佐藤忠信、源九郎狐	第二十八回歌舞伎鑑賞教室
	09・02	09・26	歌舞伎座	籠釣瓶花街酔醒 彦山権現誓助劔　毛谷村	佐野次郎左衛門 毛谷村六助	九月大歌舞伎／初代中村吉右衛門三十三回忌追善
	11・30	12・25	南座	勧進帳 土屋主税	武蔵坊弁慶 大高源吾	京の年中行事、當る卯歳吉例顔見世興行、東西合同大歌舞伎
昭62 一九八七	01・03	01・27	日生劇場	おさん茂兵衛	手代茂兵衛	松竹現代劇一月公演
	04・03	04・26	歌舞伎座	元禄忠臣蔵　最後の大評定・南部坂雪の別れ・仙石屋敷・大石最後の一日	大石内蔵助	陽春四月大歌舞伎
	05・03	05・27	歌舞伎座	時今也桔梗旗揚 安政奇聞佃夜嵐	四王天但馬守 囚人神谷玄蔵	團菊祭五月大歌舞伎、九代目市川團蔵襲名披露
	06・04	06・28	新橋演舞場	つきじ川 歌行燈 明治一代女	初世中村吉右衛門 恩地喜多八 箱屋巳之吉	新派百年記念六月特別公演、山田五十鈴・中村吉右衛門特別参加／川口松太郎三回忌追悼、劇中・新派百年口上
	08・18	09・27	地方巡業	極付幡随長兵衛 お目見得口上	幡随院長兵衛	昭和六十二年度全国公文協主催松竹大歌舞伎公演
	10・02	10・26	御園座	釣女 伽羅先代萩　床下	大名 仁木弾正	第二十三回吉例顔見世、九代目坂東三津五郎・五代目坂東秀調襲名
	11・01	11・25	歌舞伎座	勧進帳 屋上の狂人 楼門五三桐 蔦紅葉宇都谷峠	武蔵坊弁慶 狂人勝島義太郎 捕手（23日のみ） 伊丹屋十兵衛	吉例顔見世大歌舞伎
昭63 一九八八	01・02	01・27	歌舞伎座	勧進帳 助六由縁江戸桜	武蔵坊弁慶 くわんぺら門兵衛	歌舞伎座百年、壽初春大歌舞伎

	02・02	02・26	歌舞伎座	菅原伝授手習鑑　寺子屋	武部源蔵	歌舞伎座百年、二月大歌舞伎
	03・02	03・27	歌舞伎座	仮名手本忠臣蔵　大序・三段目・七段目・十一段目	高師直【大序・三段目】、大星由良之助【七段目・十一段目】	歌舞伎座百年、三月大歌舞伎
	03・29		歌舞伎座	初霞空住吉　かっぽれ	（立方）	日本俳優協会再建三十周年、第二十五回俳優祭
	04・01	04・25	歌舞伎座	仮名手本忠臣蔵　大序・三段目・七段目	桃井若狭之助【大序・三段目】、寺岡平右衛門【七段目】	歌舞伎座百年、四月大歌舞伎
	05・03	05・27	歌舞伎座	妹背山婦女庭訓　花渡し・吉野川 青砥稿花紅彩画　白浪五人男	大判事清澄（15～27日） 南郷力丸	歌舞伎座百年、五月大歌舞伎
	07・04	07・25	国立劇場大劇場	毛抜	粂寺弾正	第三十三回歌舞伎鑑賞教室
	09・01	09・25	歌舞伎座	一谷嫩軍記　熊谷陣屋 籠釣瓶花街酔醒 井伊大老 初代松本白鸚七回忌追善口上	熊谷直実 立花屋長兵衛 井伊直弼	歌舞伎座百年、九月大歌舞伎、初代松本白鸚七回忌追善
	09・27		歌舞伎座	かさね	与右衛門	七代目坂東三津五郎二十七回忌・八代目坂東三津五郎十三回忌追善舞踊会
	09・28		国立劇場大劇場	山姥	斧蔵実は三田の仕	第四回中村芝翫羽衣会
	10・01	10・25	歌舞伎座	近江源氏先陣館　盛綱陣屋 ひとり狼	和田兵衛秀盛 追分の伊三蔵	歌舞伎座百年、藝術祭十月歌舞伎
	11・01	11・25	歌舞伎座	天保遊侠録　勝安房の父 曽我の対面 京鹿子娘二人道成寺	勝小吉 小林朝比奈 所化知念坊	歌舞伎座百年、十一月顔見世大歌舞伎
	12・02	12・26	国立劇場大劇場	伽羅先代萩　床下・対決・刃傷	仁木弾正	第一五一回十二月歌舞伎公演
昭64	01・02		テレビ東京	大忠臣蔵［TV］	松平綱豊	
平元	01・02	01・26	歌舞伎座	松浦の太鼓	松浦鎮信	歌舞伎座百年、初春大歌舞伎

一九八九	03・03	03・27	歌舞伎座	人情噺文七元結	左官長兵衛	三月大歌舞伎
				春日局　駿河大納言始末	徳川家光	
	04・02	04・26	歌舞伎座	菅原伝授手習鑑　寺子屋	武部源蔵	四月大歌舞伎、十七世中村勘三郎一周忌追善
				義経千本桜　吉野山	逸見藤太	
				一本刀土俵入	駒形茂兵衛	
	04・15		三越劇場	清海波	（立方）	三越劇場特別公演
	07・12	（一九九〇）02・21	フジテレビ	鬼平犯科帳　第一シリーズ（全二十六回）［TV］	長谷川平蔵	
	09・15			利休［映画］	徳川家康	製作：勅使河原プロ・松竹映像・伊藤忠商事・博報堂、配給：松竹
	09・30		御園座	勧進帳	富樫左衛門	名古屋市制百周年記念、世界デザイン博覧会協賛、第二十五回吉例顔見世前夜祭
	10・01	10・25	御園座	松浦の太鼓勧進帳	松浦鎮信 富樫左衛門	名古屋市制百周年記念、世界デザイン博覧会協賛、第二十五回吉例顔見世
	10・28		歌舞伎座	舞踊バラエティ　松羽目集芝居賑	日本人	第二十六回俳優祭
				唐相撲		
	11・05	11・27	国立劇場大劇場	霊験亀山鉾　亀山の仇討	藤田水右衛門、藤田卜庵	第一五六回十一月歌舞伎公演
	11・30	12・25	南座	将軍江戸を去る	徳川慶喜	京の年中行事、当る午歳吉例顔見世興行、東西合同大歌舞伎
				摂州合邦辻　合邦庵室	奴入平	
平02 一九九〇	01・02	01・26	歌舞伎座	弁天娘女男白浪　浜松屋	鳶頭清次	壽初春大歌舞伎
				一條大蔵譚　檜垣・奥殿	一條大蔵卿	
	02・01	02・25	歌舞伎座	菅原伝授手習鑑　車引	梅王丸	二月大歌舞伎
				鬼平犯科帳　狐火	長谷川平蔵	
				三人吉三巴白浪	お坊吉三	
	04・01	04・25	歌舞伎座	双蝶々曲輪日記　引窓	濡髪長五郎	五世中村歌右衛門五十年祭、四月大歌舞伎／吉右衛門劇団復活結成
				女暫	舞台番辰次	

	06・04	07・14	海外公演	五世中村歌右衛門五十年祭追善口上 籠釣瓶花街酔醒 身替座禅 鳴神 勧進帳（ロサンゼルスのみ）	佐野次郎左衛門 奥方玉の井 鳴神上人 武蔵坊弁慶	記念 訪米歌舞伎公演／コロンバスマーション劇場、サンアントニオライラコックリル劇場、アトランタフォックス劇場、インディアナポリスクルーズホール、アイオワシティーハンチャー劇場、リンカーンリードセンター、ミネアポリスノースロップ劇場、コスタメサオレンジカウンティーパフォーミングアーツセンター、ロサンゼルス日米劇場（十周年記念上演『勧進帳』）、バークレーゼラバック劇場、ポートランド市公会堂、シアトルオペラハウス〈計二十六回公演〉
	10・03	（一九九二）03・27	フジテレビ	鬼平犯科帳 第二シリーズ（全二十一回）［TV］	長谷川平蔵	
	11・01	11・25	歌舞伎座	一谷嫩軍記 陣門・組打 三代目中村鴈治郎襲名披露口上	熊谷直実	三代目中村鴈治郎襲名披露、吉例顔見世大歌舞伎
	12・02	12・26	国立劇場大劇場	一谷嫩軍記 熊谷陣屋	熊谷直実	第一六三回十二月歌舞伎公演
平03 一九九一	01・02	01・26	歌舞伎座	勧進帳 雪暮夜入谷畦道 仮名手本忠臣蔵 道行旅路の嫁入	富樫左衛門 片岡直次郎 奴運平	壽初春大歌舞伎
	02・01	02・25	新橋演舞場	鬼平犯科帳 本所・桜屋敷	長谷川平蔵	二月特別公演
	04・01	04・25	歌舞伎座	隅田川続俤 法界坊	法界坊、法界坊の霊、野分姫の霊	中村会四月大歌舞伎

年	初日	千秋楽	劇場	演目	役	備考
	08・10	08・11	国立劇場大劇場	妹背山婦女庭訓　吉野川	大判事清澄	第四回矢車会
				春日龍神	範海法師	
	09・01	09・25	歌舞伎座	色彩間苅豆　かさね	与右衛門	九月大歌舞伎
				傾城反魂香	浮世又平	
				極付幡随長兵衛	幡随院長兵衛	
	10・02	10・26	歌舞伎座	菅原伝授手習鑑　寺子屋	武部源蔵	藝術祭十月大歌舞伎
				天衣紛上野初花　河内山	河内山宗俊	
	11・01	11・25	歌舞伎座	素襖落	太郎冠者	吉例顔見世大歌舞伎
				平家女護島　俊寛	俊寛	
	11・20	(一九九二) 05・13	フジテレビ	鬼平犯科帳　第三シリーズ（全十九回）［TV］	長谷川平蔵	
	11・30	12・24	南座	一谷嫩軍記　熊谷陣屋	源義経	南座新装開場記念、当る申歳吉例顔見世興行、京の年中行事、東西合同大歌舞伎、三代目中村鴈治郎襲名披露
				新装開場披露、三代目中村鴈治郎襲名披露口上		
				仮名手本忠臣蔵　七段目	大星由良之助	
	12・13		フジテレビ	忠臣蔵　風の巻・雲の巻［TV］	服部市郎右衛門	
平04 一九九二	01・02	01・26	歌舞伎座	梶原平三誉石切	梶原平三	壽初春大歌舞伎
				頼朝の死　将軍頼家	畠山重保	
	01・28		イイノホール	五条橋	武蔵坊弁慶	中村富十郎初春素踊りの会
	02・01	02・25	新橋演舞場	鬼平犯科帳　五年目の客	長谷川平蔵	二月特別公演
	02・27		NHKホール	勧進帳	武蔵坊弁慶	第十八回NHK古典芸能鑑賞会
	03・28		歌舞伎座	四季　春・雛まつり	五人囃子	第二十七回俳優祭
				裏表芝居賑	口番吉	
	04・01	04・25	歌舞伎座	双蝶々曲輪日記　角力場	濡髪長五郎	四代目中村梅玉・九代目中村福助襲名披露、四月大歌舞伎
				祇園祭礼信仰記　金閣寺	十河軍平実は佐藤正清	
				絵本太功記　尼ヶ崎	武智光秀	
				四代目中村梅玉・九代目中村福助		

	05・01	05・25	南座	伊勢音頭恋寝刃　油屋・奥庭 祇園祭礼信仰記　金閣寺 四代目中村梅玉・九代目中村福助襲名披露口上 籠釣瓶花街酔醒	料理人喜助 松永大膳 佐野次郎左衛門	新装開場記念、中村会五月大歌舞伎、四代目中村梅玉・九代目中村福助襲名披露
	09・19	09・23	フェスティバルホール	色彩間苅豆　かさね	与右衛門	坂東玉三郎特別舞踊公演／特別出演
	09・27		国立劇場大劇場	老松	（立方）	第二回松鸚會、第二回松本流舞踊研修會
	10・01	10・25	御園座	元禄忠臣蔵　御浜御殿 彦山権現誓助剱　毛谷村 四代目中村梅玉・九代目中村福助襲名披露口上	富森助右衛門 毛谷村六助	東西合同大歌舞伎、四代目中村梅玉・九代目中村福助襲名披露、第二十八回吉例顔見世
	11・01	11・25	歌舞伎座	伊勢音頭恋寝刃　油屋・奥庭 新薄雪物語 仮名手本忠臣蔵　七段目	油屋お鹿 葛城民部 大星由良之助	吉例顔見世大歌舞伎
	12・02	（一九九三）05・12	フジテレビ	鬼平犯科帳　第四シリーズ（全十九回）［TV］	長谷川平蔵	
	12・03	12・26	国立劇場大劇場	忠度 四十七刻忠箭計　南部坂雪の別れ	西行法師 大星由良之助	第一七六回十二月歌舞伎公演
	12・18		豊島公会堂	道行旅路の花聟　落人	早野勘平	豊島区制施行六十周年、豊島公会堂四十年、としま歌舞伎
平05 一九九三	01・02	01・26	歌舞伎座	鳴神	鳴神上人	壽初春大歌舞伎
	02・02	02・26	新橋演舞場	鬼平犯科帳　むかしの女	長谷川平蔵	二月特別公演
	02・27		明治座	寿式三番叟	翁	明治座開場式
	03・02	03・26	明治座	勧進帳 新装開場披露口上	富樫左衛門	明治座新築完成記念柿葺落公演、三月大歌舞伎

	04・02	04・26	歌舞伎座	籠釣瓶花街酔醒 元禄忠臣蔵　大石最後の一日 六歌仙容彩　業平 近江源氏先陣館　盛綱陣屋	佐野次郎左衛門 大石内蔵助 在原業平 佐々木盛綱	中村会四月大歌舞伎
	05・02	05・26	中座	勧進帳 絵本太功記　尼ヶ崎 四代目梅玉・九代目福助襲名披露口上	武蔵坊弁慶 武智光秀	五月大歌舞伎、四代目中村梅玉・九代目中村福助襲名披露
	08・27		秋田県民会館	勧進帳	富樫左衛門	秋田放送開局四十周年記念歌舞伎舞踊公演
	09・01	09・25	歌舞伎座	室町御所 夏祭浪花鑑	池田丹後将武 団七九郎兵衛	九月大歌舞伎
	11・30	12・26	南座	将軍頼家 松浦の太鼓	畠山重保 松浦鎮信	平安遷都一二〇〇年記念、當る戌歳吉例顔見世興行、京の年中行事、東西合同大歌舞伎
平06 一九九四	01・02	01・26	歌舞伎座	一條大蔵譚　檜垣・奥殿 弥栄芝居賑　猿若座芝居前	一條大蔵卿 男伊達播磨屋辰吉	猿若祭新春大歌舞伎 十七代目中村勘三郎七回忌追善
	02・02	02・26	新橋演舞場	鬼平犯科帳　炎の色	長谷川平蔵	二月特別公演
	03・09	07・13	フジテレビ	鬼平犯科帳　第五シリーズ（全十三回）［TV］	長谷川平蔵	
	04・02	04・26	歌舞伎座	勧進帳 初代松本白鸚十三回忌追善口上 井伊大老	富樫左衛門 井伊直弼	初代松本白鸚十三回忌追善、四月大歌舞伎
	05・09	05・10	国立劇場大劇場	吉野山	忠信実は源九郎狐（素踊り）	第六回矢車会、中村富十郎舞台生活五十周年記念
	05・28		南座	色彩間苅豆　かさね 色彩間苅豆　かさね	与右衛門 与右衛門	中村富十郎舞台生活五十周年記念、第六回矢車会

	06・03	06・26	南座	鬼平犯科帳　むかしの女	長谷川平蔵	六月特別公演
	07・01	07・25	地方巡業	素襖落	太郎冠者	松竹名作歌舞伎舞踊
	09・02	09・26	歌舞伎座	加賀見山旧錦絵 双蝶々曲輪日記　引窓 色彩間苅豆　かさね	局岩藤 南与兵衛後に南方十次兵衛 与右衛門	中村会九月大歌舞伎二代目中村吉之丞襲名披露
	10・01	10・25	御園座	勧進帳 籠釣瓶花街酔醒	富樫左衛門 佐野次郎左衛門	第三十回吉例顔見世、初代松本白鸚十三回忌追善 二代目中村吉之丞襲名披露
	11・04	11・26	国立劇場大劇場	博多小女郎浪枕	毛剃九右衛門	第一八九回十一月歌舞伎公演
	12・01	12・26	南座	御所桜堀川夜討　弁慶上使 一條大蔵譚　檜垣・奥殿	武蔵坊弁慶 一條大蔵卿	松竹百年記念、当る亥歳吉例顔見世興行、京の年中行事、東西合同大歌舞伎／二代目中村吉之丞襲名披露
平07 一九九五	01・02	01・27	歌舞伎座	勧進帳	武蔵坊弁慶	松竹百年記念、壽初春大歌舞伎
	01・02	01・26	新橋演舞場	婦系図の内　湯島境内	早瀬主税	松竹百年記念、初春新派特別公演
	02・01	02・25	歌舞伎座	仮名手本忠臣蔵　四段目・五段目	大星由良之助【四段目】、斧定九郎【五段目】	松竹百年記念、二月大歌舞伎
	03・03	03・27	新橋演舞場	鬼平犯科帳　血闘	長谷川平蔵	松竹百年記念、三月特別公演
	04・01	04・25	歌舞伎座	妹背山婦女庭訓　花渡し・吉野川 中村翫雀・中村扇雀襲名披露口上	大判事清澄	松竹百年記念、五代目中村翫雀・三代目中村扇雀襲名披露、中村壱太郎初舞台、中村会四月大歌舞伎
	04・27		フェスティバルホール	六歌仙容彩　文屋	文屋康秀	フェスティバル歌舞伎舞踊
	06・04	06・27	南座	鬼平犯科帳　血闘	長谷川平蔵	松竹百年記念、六月特別公演
	07・19	11・01	フジテレビ	鬼平犯科帳　第六シリーズ（全十一回）［TV］	長谷川平蔵	

	07・29		歌舞伎座	茨木	渡辺源次綱	第七回矢車会
	09・01	09・25	歌舞伎座	与話情浮名横櫛 源平布引滝　実盛物語	和泉屋多左衛門 斎藤実盛	松竹百年記念、十一代目市川團十郎三十年祭、九月大歌舞伎
	10・05	10・28	国立劇場大劇場	平家女護嶋　清盛館・鬼界ヶ嶋・敷名の浦・海上	平清盛【清盛館・敷名の浦・海上】、俊寛【鬼界ヶ嶋】	第一九四回十月歌舞伎公演
	11・01	11・25	南座	身替座禅 極付幡随長兵衛	奥方玉の井 幡随院長兵衛	松竹百年記念、当る子歳吉例顔見世興行、京の年中行事、東西合同大歌舞伎、五代目中村翫雀・三代目中村扇雀襲名披露、中村壱太郎初舞台
	11・18			鬼平犯科帳［映画］	長谷川平蔵	製作：松竹・フジテレビジョン、配給：松竹
	11・26		歌舞伎座	雨の五郎	（立方）	芳村五郎治三回忌、追善演奏会
	12・01	12・25	歌舞伎座	将軍江戸を去る 伊賀越道中双六　沼津 雪暮夜入谷畦道	高橋伊勢守 呉服屋十兵衛 片岡直次郎	松竹百年記念、十二月大歌舞伎
	12・23			歌舞伎役者片岡仁左衛門　登仙の巻［映画］		製作：自由工房、配給：BOX東中野／明治座新装開場披露口上
平08 一九九六	01・02	01・26	歌舞伎座	松浦の太鼓	松浦鎮信	壽初春大歌舞伎
	02・06	02・21	海外公演	平家女護島　俊寛	丹左衛門	訪イタリア歌舞伎公演／ナポリサンカルロ歌劇場、ジェノバカルロ・フェニーチェ劇場、ローマテアトロ・デル・オペラ（オペラ座）、ミラノテアトロ・リリコ〈計十四回公演〉
	04・01	04・25	歌舞伎座	天衣紛上野初花　河内山 井伊大老	河内山宗俊 井伊直弼	中村会四月大歌舞伎

年	初日	千穐楽	劇場	演目	役	公演名
	05・17	05・21	地方巡業	小猿七之助御守殿お滝　夕立	小猿七之助	歌舞伎舞踊特別公演
	06・02	06・25	御園座	風流深川唄 日本橋絵巻 二代目水谷八重子襲名披露口上	長蔵 葛木晋三	御園座開場百年、二代目水谷八重子襲名披露、六月新派特別公演、中村吉右衛門・中村歌昇特別参加
	06・29	07・19	地方巡業	五条坂　景清	景清	松竹歌舞伎舞踊公演
	07・28		歌舞伎座	橋弁慶 六歌仙容彩　文屋	武蔵坊弁慶 文屋康秀	第八回矢車会
	08・21	（一九九七）07・16	フジテレビ	鬼平犯科帳　第七シリーズ（全十五回）［TV］	長谷川平蔵	
	09・05	09・22	海外公演	釣女 平家女護島　俊寛	醜女 俊寛	訪米歌舞伎公演／ダラスマジェスティック劇場、ヒューストンジョーンズホール劇場、バークレーゼラーバッハ・オディトリアム劇場、ロサンゼルスウィルターン劇場〈計十五回公演〉
	10・18	10・19	海外公演	鳴神	鳴神上人	訪香港歌舞伎公演／ホンコンカルチャーセンター（文化中心大劇院）〈計三回公演〉、第十六回アジア文化芸術節オープニング
	10・27		フェスティバルホール	身替座禅	山蔭右京	大阪国際フェスティバル協会・特別公演、フェスティバル歌舞伎舞踊
	11・01	11・25	歌舞伎座	平家女護島　俊寛 沓手鳥孤城落月	俊寛 大野治長	吉例顔見世大歌舞伎
	12・03	12・26	国立劇場大劇場	妹背山婦女庭訓　御殿・奥庭	鱶七実は金輪五郎	第二〇一回十二月歌舞伎公演
平09 一九九七	01・02	01・26	歌舞伎座	彦山権現誓助剱　毛谷村 青海波	毛谷村六助 大臣	壽初春大歌舞伎
	03・02	03・27	大阪松竹座	義経千本桜　吉野山	忠信実は源九郎狐	松竹座新築開場記念、柿葺落公演、

				一谷嫩軍記　熊谷陣屋	熊谷直実	三月大歌舞伎
	04・01	04・25	歌舞伎座	一本刀土俵入 傾城反魂香 松竹梅湯島掛額	駒形茂兵衛 浮世又平 紅屋長兵衛	中村会四月大歌舞伎
	06・29	07・27	地方巡業	身替座禅	山蔭右京	松竹大歌舞伎
	09・01	09・25	歌舞伎座	義経千本桜　すし屋 隅田川続俤　法界坊	梶原平三 法界坊、法界坊の霊、野分姫の霊	九月大歌舞伎
	10・01	10・25	御園座	仮名手本忠臣蔵　七段目 勧進帳	寺岡平右衛門 武蔵坊弁慶	第三十三回吉例顔見世
	11・01	11・25	歌舞伎座	花街模様薊色縫　十六夜清心 勧進帳	俳諧師白蓮 武蔵坊弁慶	吉例顔見世大歌舞伎、七代目坂東三津五郎三十七回忌・八代目坂東三津五郎二十三回忌追善
	11・30	12・26	南座	嫗山姥 平家女護島　俊寛	煙草屋源七実は坂田蔵人 俊寛	京の年中行事、当る寅歳吉例顔見世興行、東西合同大歌舞伎
平10 一九九八	01・02	01・26	歌舞伎座	十五代目片岡仁左衛門襲名披露口上 菅原伝授手習鑑　寺子屋	 武部源蔵	十五代目片岡仁左衛門襲名披露、寿初春大歌舞伎
	02・01	02・24	御園座	双蝶々曲輪日記　引窓 天衣紛上野初花　河内山 乗合船恵方萬歳	南与兵衛後に南方十次兵衛 河内山宗俊 才造亀吉	新春大歌舞伎
	04・02	04・26	歌舞伎座	須磨の写絵 西郷と豚姫 一條大蔵譚　奥殿 釣女	漁師此兵衛 西郷吉之助 一條大蔵卿 醜女	中村会四月大歌舞伎
	04・15	06・10	フジテレビ	鬼平犯科帳　第八シリーズ（全九回）［TV］	長谷川平蔵	

	05・07	05・09	厳島神社特設会場	昇龍哀別瀬戸内　藤戸	老女藤波、藤戸悪龍	宮島歌舞伎、厳島神社中村吉右衛門奉納公演／松貫四の名で構成を担当
	06・01	06・25	南座	鬼平犯科帳　本所・桜屋敷	長谷川平蔵	六月特別公演
	06・29	07・26	地方巡業	鬼平犯科帳　本所・桜屋敷	長谷川平蔵	平成十年松竹特別公演
	09・02	09・26	歌舞伎座	二條城の清正 身替りお俊	加藤清正 関取白藤源太	九月大歌舞伎
	10・03	10・26	国立劇場大劇場	佐倉義民伝　東山桜荘子　序幕〜四幕目・五幕目・六幕目・大詰	木内宗吾【序幕〜四幕目】、仏光寺住職光然【五幕目】、堀田上野介【六幕目】、百姓利右衛門【大詰】	第二〇九回十月歌舞伎公演
	11・03	11・27	大阪松竹座	花桐いろは 一本刀土俵入 一條大蔵譚　檜垣・奥殿 松竹梅湯島掛額	太夫元戸田屋由兵衛 駒形茂兵衛 一條大蔵卿 紅屋長兵衛	十一月大歌舞伎／三代目中村梅玉五十年祭追善
平11 一九九九	01・02	01・26	歌舞伎座	梶原平三誉石切 身替座禅 天衣紛上野初花　河内山	梶原平三 奥方玉の井 河内山宗俊	壽初春大歌舞伎
	02・01	02・25	歌舞伎座	近江源氏先陣館　盛綱陣屋	佐々木盛綱	二月大歌舞伎
	03・03	03・27	新橋演舞場	鬼平犯科帳　血頭の丹兵衛	長谷川平蔵	三月特別公演
	04・02	04・26	歌舞伎座	色彩間苅豆　かさね 菅原伝授手習鑑　寺子屋	与右衛門 松王丸	中村会四月大歌舞伎
	05・02	05・25	御園座	鬼平犯科帳　むかしの男	長谷川平蔵	五月特別公演
	05・29	06・27	地方巡業	鬼平犯科帳　むかしの男	長谷川平蔵	平成十一年度松竹特別公演
	09・02	09・26	歌舞伎座	名月八幡祭 増補双級巴　石川五右衛門	縮屋新助 石川五右衛門	九月大歌舞伎 中村吉右衛門宙乗りにてつづら抜け相勤め申し候

	10・05	10・11	金丸座	盲長屋梅加賀鳶 身替座禅 巴御前	加賀鳶日蔭町松蔵 山蔭右京 巴御前、木曽義仲の亡霊	四国こんぴら歌舞伎大芝居、十五周年記念、歌舞伎舞踊公演 松貫四の名で劇作を担当
	10・22	10・23	姫路城三の丸広場	白鷺城異聞	宮本武蔵	姫路城創作歌舞伎、中村吉右衛門特別公演／構成を担当
	11・01	11・25	歌舞伎座	壺坂霊験記	沢市	吉例顔見世大歌舞伎、平成十一年度文化庁芸術祭協賛公演
	11・30	12・26	南座	銘作左小刀　京人形 傾城反魂香	左甚五郎 浮世又平	南座発祥三百八十年記念、當る辰歳吉例顔見世興行、京の年中行事、東西合同大歌舞伎
平12 二〇〇〇	01・02	01・26	歌舞伎座	松浦の太鼓 双蝶々曲輪日記　角力場	松浦鎮信 濡髪長五郎	二〇〇〇年歌舞伎座壽初春大歌舞伎
	02・02	02・26	歌舞伎座	三人吉三巴白浪 一谷嫩軍記　熊谷陣屋 桂川連理柵　帯屋	お坊吉三 熊谷直実 帯屋長右衛門	二月大歌舞伎
	04・02	04・26	歌舞伎座	平家女護島　俊寛 一條大蔵譚　檜垣・奥殿 十七代目中村勘三郎十三回忌追善口上	丹左衛門 一條大蔵卿	四月大歌舞伎、十七代目中村勘三郎十三回忌追善
	05・01	05・25	大阪松竹座	西郷と豚姫 巴御前 籠釣瓶花街酔醒	西郷吉之助 巴御前、木曽義仲の亡霊 佐野次郎左衛門	五月大歌舞伎 松貫四の名で劇作を担当
	06・02	06・26	博多座	天衣紛上野初花　河内山 平家女護島　俊寛 新皿屋舗月雨暈　魚屋宗五郎	河内山宗俊 俊寛 磯部主計之助	六月博多座大歌舞伎
	09・01	09・25	歌舞伎座	時今也桔梗旗揚 妹背山婦女庭訓　御殿	武智光秀 鱶七実は金輪五郎	九月大歌舞伎、五世中村歌右衛門六十年祭
	10・01	10・25	御園座	色彩間苅豆　かさね	与右衛門	第三十六回吉例顔見世

	11・01	11・25	歌舞伎座	菅原伝授手習鑑　寺子屋 人情噺文七元結 鴛鴦襖恋睦 ひらかな盛衰記　逆櫓	松王丸 鳶頭伊兵衛 股野五郎 松右衛門実は樋口次郎兼光	吉例顔見世大歌舞伎
平13 二〇〇一	01・03	01・27	国立劇場大劇場	奥州安達原　環宮明御殿	安倍貞任、袖萩	第二三三回一月歌舞伎公演
	02・01	02・25	歌舞伎座	傾城反魂香 女暫 十代目坂東三津五郎襲名披露口上	浮世又平 舞台番辰次	十代目坂東三津五郎襲名披露、二月大歌舞伎
	04・02	04・26	歌舞伎座	頼朝の死 極付幡随長兵衛 義経千本桜　渡海屋・大物浦	大江広元 幡随院長兵衛 銀平実は平知盛	四月大歌舞伎
	04・17	05・22	フジテレビ	鬼平犯科帳　第九シリーズ（全五回）［TV］	長谷川平蔵	
	04・28		フェスティバルホール	茨木 釣女	渡辺源次綱 醜女	第四十三回大阪国際フェスティバル二〇〇一、フェスティバル歌舞伎舞踊
	06・04	06・28	新橋演舞場	蜘蛛巣城	鷲津武時	
	09・03	09・27	歌舞伎座	一谷嫩軍記　陣門・組打 米百俵 紅葉狩	熊谷直実 小林虎三郎 山神	九月大歌舞伎
	10・04	10・27	国立劇場大劇場	大願成就天下茶屋聚　天下茶屋の敵討	安達元右衛門	第二二五回十月歌舞伎公演、国立劇場開場三十五周年記念公演
	11・30	12・26	南座	積恋雪関扉 菅原伝授手習鑑　寺子屋 十代目坂東三津五郎襲名披露口上	義峯少将宗貞 松王丸	當る午歳吉例顔見世興行、東西合同大歌舞伎、十代目坂東三津五郎襲名披露
平14 二〇〇二	01・02	01・26	歌舞伎座	妹背山婦女庭訓　吉野川 人情噺文七元結	大判事清澄 左官長兵衛	壽初春大歌舞伎

年	初日	千秋楽	劇場	演目	役	公演名
	02・03	02・27	歌舞伎座	菅原伝授手習鑑 車引・賀の祝・寺子屋	松王丸	二月大歌舞伎
	04・02	04・26	歌舞伎座	元禄忠臣蔵 南部坂雪の別れ	大石内蔵助	六世中村歌右衛門一年祭、二代目中村魁春襲名披露、四月大歌舞伎
				六世中村歌右衛門一年祭追善・二代目中村魁春襲名披露口上		
				本朝廿四孝 十種香	原小文治	
	04・28		歌舞伎座	乗合船恵方萬歳	才造亀吉	第三十二回俳優祭
	05・02	05・26	南座	六世中村歌右衛門一年祭追善・二代目中村魁春襲名披露口上		六世中村歌右衛門一年祭、二代目中村魁春襲名披露、五月大歌舞伎
				本朝廿四孝 十種香	長尾謙信	
				祇園祭礼信仰記 金閣寺	松永大膳	
	05・29		NHKホール	平家女護島 俊寛	俊寛	第二十九回NHK古典芸能鑑賞会
	06・02	06・26	歌舞伎座	御所桜堀川夜討 弁慶上使	武蔵坊弁慶	四代目尾上松緑襲名披露
				四代目尾上松緑襲名披露口上		
				船弁慶	舟長三保太夫	
	09・01	09・25	歌舞伎座	怪談牡丹燈籠	伴蔵、相川幸助	九月大歌舞伎
				籠釣瓶花街酔醒	佐野次郎左衛門	
	10・01	10・25	歌舞伎座	仮名手本忠臣蔵 大序・三段目・七段目・十一段目	高師直【大序・三段目】、大星由良之助【七段目・十一段目】	芸術祭十月大歌舞伎
	12・25		PARCO劇場	ラヴ・レターズ〈朗読劇〉	アンディー	
平15（二〇〇三）	01・02		テレビ東京	忠臣蔵 決断の時 第一部～第四部［TV］	大石内蔵助	
	01・03	01・27	国立劇場大劇場	双蝶々曲輪日記 角力場・米屋・難波裏殺し・引窓	濡髪長五郎	第二三三回初春歌舞伎公演
	02・01	02・25	歌舞伎座	義経千本桜 渡海屋・大物浦	銀平実は平知盛	歌舞伎四百年、二月大歌舞伎
	04・01	04・25	歌舞伎座	国性爺合戦	和藤内	歌舞伎四百年、四月大歌舞伎
				元禄忠臣蔵 大石最後の一日	大石内蔵助	

	06・01	06・25	博多座	仮名手本忠臣蔵　七段目	大星由良之助	歌舞伎四百年、四代目尾上松緑襲名披露、六月博多座大歌舞伎
				西郷と豚姫　西郷とお玉	西郷吉之助	
				四代目尾上松緑襲名披露口上		
	07・30	08・06	比叡山延暦寺内阿弥陀堂横野外特設舞台	橋弁慶	武蔵坊弁慶	天台宗開宗千二百年記念、比叡山薪歌舞伎
	09・02	09・26	歌舞伎座	天衣紛上野初花　河内山	河内山宗俊	歌舞伎四百年、九月大歌舞伎／初代中村吉右衛門五十回忌追善
				平家女護島　俊寛	俊寛	
				身替座禅	奥方玉の井	
	10・01	10・25	御園座	積恋雪関扉	関兵衛実は黒主	歌舞伎四百年、第三十九回吉例顔見世、二代目中村魁春襲名披露
				一條大蔵譚　檜垣・奥殿	一條大蔵卿	
				二代目中村魁春襲名披露口上		
	11・01	11・25	歌舞伎座	船弁慶	武蔵坊弁慶	歌舞伎四百年、吉例顔見世大歌舞伎
				近江源氏先陣館　盛綱陣屋	佐々木盛綱	
平16 二〇〇四	01・02	01・26	大阪松竹座	土蜘	僧智籌実は土蜘の精	壽初春大歌舞伎
				鬼一法眼三略巻　菊畑	奴智恵内	
				寿靫猿	女大名三芳野	
	02・01	02・25	歌舞伎座	彦山権現誓助劔　毛谷村	毛谷村六助	二月大歌舞伎
	04・03	04・18	金丸座	再桜遇清水　桜にまよふ破戒清玄	清水法師清玄	第二十回記念四国こんぴら歌舞伎大芝居、二代目中村魁春襲名披露／松貫四の名で劇作を担当
				こんぴら歌舞伎第二十回記念・二代目中村魁春襲名披露口上		
	04・27		歌舞伎座	華酔木挽賑　お祭り	鳶頭	第三十三回俳優祭
	06・01	06・26	歌舞伎座	十一代目市川海老蔵襲名披露口上		十一代目市川海老蔵襲名披露、六月大歌舞伎
				傾城反魂香	浮世又平	
				助六由縁江戸桜	くわんぺら門兵衛	
	06・30	07・31	地方巡業	双蝶々曲輪日記　引窓	南与兵衛後に南方十次	公文協東コース、松竹大歌舞伎、

年	初日	千穐楽	劇場	演目	役名	備考
				二代目中村魁春襲名披露口上	兵衛	二代目中村魁春襲名披露
	08・28	09・25	地方巡業	双蝶々曲輪日記　引窓	南与兵衛後に南方十次兵衛	公文協西コース、松竹大歌舞伎、二代目中村魁春襲名披露
				二代目中村魁春襲名披露口上		
	11・01	11・25	歌舞伎座	積恋雪関扉	関兵衛実は黒主	吉例顔見世大歌舞伎
				鬼一法眼三略巻　菊畑	奴智恵内	
平17 二〇〇五	01・02	01・26	歌舞伎座	梶原平三誉石切	梶原平三	松竹百十周年記念、壽初春大歌舞伎
				土蜘	僧智籌実は土蜘の精	
	02・01	02・25	歌舞伎座	義経腰越状　五斗三番叟	五斗兵衛	二月大歌舞伎
	04・02	04・17	金丸座	身替座禅	山蔭右京	第二十一回四国こんぴら歌舞伎大芝居
				嬢景清八嶋日記　日向嶋景清	景清	松貫四の名で劇作を担当
				釣女	醜女	
	05・29		NHKホール	船弁慶	武蔵坊弁慶	第三十二回NHK古典芸能鑑賞会
	06・02	06・26	歌舞伎座	素襖落	太郎冠者	六月大歌舞伎
				盟三五大切	源五兵衛実は不破数右衛門	
	06・30	07・31	地方巡業	義経千本桜　吉野山	忠信実は源九郎狐	公文協中央コース、松竹大歌舞伎、二代目中村魁春襲名披露
				二代目中村魁春襲名披露口上		
	09・02	09・26	歌舞伎座	弥次郎兵衛喜多八　東海道中膝栗毛	喜多八	九月大歌舞伎
				勧進帳	武蔵坊弁慶	
	11・01	11・25	歌舞伎座	雨の五郎	曾我五郎	吉例顔見世大歌舞伎
				嬢景清八嶋日記　日向嶋景清	景清	松貫四の名で劇作を担当
				鞍馬山誉鷹	蓮忍阿闍梨	中村鷹之資襲名披露
	11・30	12・26	南座	義経腰越状　五斗三番叟	五斗兵衛	当る戌歳吉例顔見世興行、東西合同大歌舞伎、坂田藤十郎襲名披露、京の年中行事、松竹百十周年記念
				坂田藤十郎襲名披露口上		
				本朝廿四孝　十種香	長尾謙信	

平18 二〇〇六	01・02	01・26	歌舞伎座	奥州安達原 環宮明御殿 坂田藤十郎襲名披露口上 伽羅先代萩 床下	安倍貞任 荒獅子男之助	坂田藤十郎襲名披露、壽初春大歌舞伎
	02・02	02・26	歌舞伎座	極付幡随長兵衛 人情噺小判一両	幡随院長兵衛 浅尾申三郎	二月大歌舞伎
	04・01	04・25	歌舞伎座	関八州繋馬 小蝶蜘 井伊大老 六代目中村松江襲名披露・五代目中村玉太郎初舞台・六世中村歌右衛門五年祭追善口上	里の男藤内 井伊直弼	六世中村歌右衛門五年祭、四月大歌舞伎、六代目中村松江襲名披露、五代目中村玉太郎初舞台
	05・01	05・25	新橋演舞場	夏祭浪花鑑 増補双級巴 石川五右衛門 松竹梅湯島掛額	団七九郎兵衛 石川五右衛門 紅屋長兵衛	新橋演舞場五月大歌舞伎 中村吉右衛門宙乗りにてつづら抜け相勤め申し候
	06・02	06・26	歌舞伎座	昇龍哀別瀬戸内 藤戸	老母藤波、藤戸の悪龍	六月大歌舞伎／松貫四の名で構成を担当
	09・02	09・26	歌舞伎座	双蝶々曲輪日記 引窓 菅原伝授手習鑑 寺子屋 籠釣瓶花街酔醒	南与兵衛後に南方十次兵衛 武部源蔵 佐野次郎左衛門	秀山祭九月大歌舞伎、初代中村吉右衛門生誕百二十年
	10・01		国立劇場大劇場	勧進帳	武蔵坊弁慶	国立劇場開場四十周年記念、「弁慶二態 能と歌舞伎による」／二〇〇五年ユネスコによる「世界無形遺産」宣言
	10・04	10・27	国立劇場大劇場	元禄忠臣蔵 江戸城の刃傷・最後の大評定	大石内蔵助	第二五〇回十月歌舞伎公演、国立劇場開場四十周年記念
	11・06	11・24	地方巡業	第一部：歌舞伎の世界で遊ぼう	〈おはなし（構成・演出・出演）〉	平成十八年度文化庁、本物の舞台芸術体験事業

平19 二〇〇七	01・02	01・26	歌舞伎座	平家女護島　俊寛	俊寛	壽初春大歌舞伎
				祇園祭礼信仰記　金閣寺	此下東吉実は真柴久吉	
	02・01	02・25	歌舞伎座	仮名手本忠臣蔵　大序・三段目・七段目・十一段目	桃井若狭之助【大序・三段目】、大星由良之助【七段目・十一段目】	二月大歌舞伎
	04・02	04・26	歌舞伎座	鬼一法眼三略巻　菊畑	奴智恵内	四月大歌舞伎、二代目中村錦之助襲名披露／劇中襲名口上
				二代目中村錦之助襲名披露口上		
	05・01	05・25	新橋演舞場	鬼平犯科帳　大川の隠居	長谷川平蔵	新橋演舞場五月大歌舞伎
				釣女	醜女	
				妹背山婦女庭訓　御殿	鱶七実は金輪五郎	
				隅田川続俤　法界坊	法界坊	
	05・26		歌舞伎座	白雪姫	七人の童	第三十四回俳優祭、社団法人日本俳優協会再建設立五十周年記念
	06・02	06・26	歌舞伎座	閻魔と政頼	鷹匠政頼	六月大歌舞伎／松貫四の名で構成・脚本を担当、藤間齋初お目見得
				俠客春雨傘	播磨屋吉右衛門	
				盲長屋梅加賀鳶	加賀鳶日蔭町松蔵	
	06・30	07・31	地方巡業	仮名手本忠臣蔵　七段目	大星由良之助	公文協東コース、松竹大歌舞伎
	09・02	09・26	歌舞伎座	一谷嫩軍記　熊谷陣屋	熊谷直実	秀山祭九月大歌舞伎
				壇浦兜軍記　阿古屋	秩父庄司重忠	
				二條城の清正	加藤清正	
	10・09	10・24	地方巡業	第一部：歌舞伎の世界で遊ぼう	〈おはなし（構成・演出・出演）〉	平成十九年度文化庁、本物の舞台芸術体験事業
	11・01	11・25	歌舞伎座	傾城反魂香	浮世又平	吉例顔見世大歌舞伎
				仮名手本忠臣蔵　九段目	大星由良之助	
	12・03	12・26	国立劇場大劇場	堀部彌兵衛	堀部彌兵衛	第二五七回十二月歌舞伎公演、それぞれの忠臣蔵／松貫四の名で監修を担当

				松浦の太鼓	松浦鎮信	十三日、二十一日は社会人のための歌舞伎入門
平20 二〇〇八	01・02	01・26	歌舞伎座	一條大蔵譚　檜垣・奥庭 けいせい浜真砂　女五右衛門	一條大蔵卿 真柴久吉	歌舞伎座百二十年、壽初春大歌舞伎
	02・01	02・25	歌舞伎座	積恋雪関扉 初代松本白鸚二十七回忌追善口上	関兵衛実は黒主	歌舞伎座百二十年、初代松本白鸚二十七回忌追善、二月大歌舞伎
	04・01	04・25	御園座	鬼平犯科帳　大川の隠居 松浦の太鼓 閻魔と政頼	長谷川平蔵 松浦鎮信 鷹匠政頼	陽春大歌舞伎 松貫四の名で構成・脚本を担当
	05・02	05・26	新橋演舞場	一本刀土俵入 東海道四谷怪談	駒形茂兵衛 民谷伊右衛門	新橋演舞場五月大歌舞伎
	06・03	06・27	歌舞伎座	新薄雪物語 義経千本桜　すし屋	幸崎伊賀守 いがみの権太	歌舞伎座百二十年、六月大歌舞伎
	07・19	07・25	比叡山延暦寺内阿弥陀堂横野外特設舞台	藤戸	老母藤波、藤戸の悪龍	中村吉右衛門奉納公演、比叡山薪歌舞伎／松貫四の名で構成を担当
	09・02	09・26	歌舞伎座	ひらかな盛衰記　逆櫓 近江源氏先陣館　盛綱陣屋 天衣紛上野初花　河内山	松右衛門実は樋口次郎兼光 佐々木盛綱 河内山宗俊	歌舞伎座百二十年、秀山祭九月大歌舞伎
	10・04	10・27	国立劇場大劇場	大老	井伊直弼	第二五九回十月歌舞伎公演／北條秀司十三回忌追善
	11・04	11・19	地方巡業	第一部：歌舞伎の世界で遊ぼう	〈おはなし（構成・演出・出演）〉	平成二十年度文化庁、本物の舞台芸術体験事業
	11・30	12・26	南座	梶原平三誉石切 元禄忠臣蔵　大石最後の一日	梶原平三 大石内蔵助	京の年中行事、當る丑歳吉例顔見世興行、東西合同歌舞伎
平21 二〇〇九	01・03	01・27	歌舞伎座	花街模様薊色縫　十六夜清心 寿曽我対面	俳諧師白蓮 曽我五郎	歌舞伎座さよなら公演、壽初春大歌舞伎

02・01	02・25	歌舞伎座	人情噺文七元結 勧進帳	鳶頭伊兵衛 武蔵坊弁慶	歌舞伎座さよなら公演、二月大歌舞伎
04・02	04・26	歌舞伎座	伽羅先代萩　床下・対決・刃傷 彦山権現誓助劔　毛谷村	仁木弾正 毛谷村六助	歌舞伎座さよなら公演、四月大歌舞伎
04・27		歌舞伎座	灰被姫（シンデレラ）　賑木挽町戯場始	歌舞伎座の守り神	第三十五回俳優祭、さよなら歌舞伎座
05・02	05・26	新橋演舞場	祇園祭礼信仰記　金閣寺 眠駱駝物語　らくだ 鬼平犯科帳　狐火	松永大膳 紙屑買久六 長谷川平蔵	新橋演舞場五月大歌舞伎
05・27		歌舞伎座	勧進帳	富樫左衛門	五代目中村富十郎傘寿記念、第九回矢車会
06・03	06・27	歌舞伎座	双蝶々曲輪日記　角力場 門出祝寿連獅子 極付幡随長兵衛	放駒長吉 村の長 幡随院長兵衛	歌舞伎座さよなら公演、六月大歌舞伎 四代目松本金太郎初舞台
06・30	07・31	地方巡業	伊賀越道中双六　沼津	呉服屋十兵衛	平成二十一年公文協中央コース、松竹大歌舞伎
09・02	09・26	歌舞伎座	時今也桔梗旗揚 御存鈴ヶ森 勧進帳	武智光秀 幡随院長兵衛 富樫左衛門	歌舞伎座さよなら公演、九月大歌舞伎／秀山を偲ぶ所縁の狂言 七代目松本幸四郎没後六十年
10・01	10・25	歌舞伎座	松竹梅湯島掛額 音羽嶽だんまり 義経千本桜　渡海屋・大物浦	紅屋長兵衛 畠山重忠 銀平実は平知盛	歌舞伎座さよなら公演、芸術祭十月大歌舞伎／藤間大河初お目見得
11・05	11・25	地方巡業	第一部：歌舞伎の世界で遊ぼう	〈おはなし（構成・演出・出演）〉	平成二十一年度文化庁、本物の舞台芸術体験事業
11・28		ＮＨＫホール	梶原平三誉石切	梶原平三	第三十六回ＮＨＫ古典芸能鑑賞会
12・03	12・26	国立劇場大劇場	頼朝の死	源頼家	第二六六回十二月歌舞伎公演、十

				修禅寺物語	夜叉王	二月十一日・二十二日は社会人のための歌舞伎入門
平22 二〇一〇	01・02	01・26	歌舞伎座	松浦の太鼓	松浦鎮信	歌舞伎座さよなら公演、壽初春大歌舞伎
				菅原伝授手習鑑　車引	梅王丸	
	03・02	03・28	歌舞伎座	楼門五三桐	石川五右衛門	歌舞伎座さよなら公演、御名残三月大歌舞伎
				女暫	舞台番辰次	
				弁天娘女男白浪　浜松屋・勢揃	南郷力丸	
	04・02	04・28	歌舞伎座	一谷嫩軍記　熊谷陣屋	熊谷直実	歌舞伎座さよなら公演、御名残四月大歌舞伎
				三人吉三巴白浪　大川端	お坊吉三	
	04・30		歌舞伎座	都風流	(立方)	歌舞伎座閉場式
	06・02	06・26	博多座	増補双級巴　石川五右衛門	石川五右衛門	六月博多座大歌舞伎／中村吉右衛門宙乗りにてつづら抜け相勤め申し候
				鬼平犯科帳　大川の隠居	長谷川平蔵	
				恋湊博多諷　毛剃	毛剃九右衛門	
	07・02	07・26	新橋演舞場	祇園祭礼信仰記　金閣寺	此下東吉実は真柴久吉	七月大歌舞伎
				傾城反魂香	浮世又平	
	09・02	09・26	新橋演舞場	伊賀越道中双六　沼津	呉服屋十兵衛	秀山祭九月大歌舞伎
				荒川の佐吉　江戸絵両国八景	相模屋政五郎	
				平家女護島　俊寛	俊寛	
	10・03	10・27	国立劇場大劇場	天保遊侠録	勝小吉	第二六九回十月歌舞伎公演
				将軍江戸を去る	徳川慶喜	
	11・08	11・25	地方巡業	第一部：歌舞伎の世界で遊ぼう	〈おはなし(構成・演出・出演)〉	平成二十二年度子どものための優れた舞台芸術体験事業
	11・30	12・26	南座	菅原伝授手習鑑　寺子屋	松王丸	京の年中行事、當る卯歳吉例顔見世興行、東西合同歌舞伎
				仮名手本忠臣蔵　七段目	大星由良之助	
平23 二〇一一	01・02	01・26	新橋演舞場	寿曽我対面	工藤祐経	寿初春大歌舞伎
	01・15			わが心の歌舞伎座［映画］		製作・配給：松竹

年	初日	千穐楽	劇場	演目	役	備考
	03・02	03・26	新橋演舞場	曽我綉俠御所染　御所五郎蔵	星影土右衛門	三月大歌舞伎
				源氏物語　浮舟	匂宮	
	05・01	05・25	新橋演舞場	敵討天下茶屋聚	人形屋幸右衛門	五月大歌舞伎
				籠釣瓶花街酔醒	佐野次郎左衛門	
	06・02	06・26	新橋演舞場	梶原平三誉石切	梶原平三	新橋演舞場六月大歌舞伎
				夏祭浪花鑑	団七九郎兵衛	
	07・29		新橋演舞場	松島	（立方）	東日本大震災復興支援、歌舞伎チャリティー公演
	09・01	09・25	新橋演舞場	菅原伝授手習鑑　寺子屋	松王丸	秀山祭九月大歌舞伎、三代目中村又五郎襲名披露、四代目中村歌昇襲名披露
				沓手鳥孤城落月	氏家内膳	
				三代目中村又五郎・四代目中村歌昇襲名披露口上		
	10・01	10・25	御園座	菅原伝授手習鑑　車引	松王丸	第四十七回吉例顔見世、三代目中村又五郎襲名披露、四代目中村歌昇襲名披露
				一條大蔵譚　檜垣・奥殿	一條大蔵卿	
				三代目中村又五郎・四代目中村歌昇襲名披露口上		
				双蝶々曲輪日記　角力場	濡髪長五郎	
	10・08			一谷嫩軍記　熊谷陣屋［映画］	熊谷直実	シネマ歌舞伎／製作・配給：松竹
	10・28		NHKホール	彦山権現誓助剱　杉坂墓所・毛谷村	毛谷村六助	第三十八回NHK古典芸能鑑賞会
	11・04	11・22	地方巡業	第一部：歌舞伎の世界で遊ぼう	〈おはなし（構成・演出・出演）〉	平成二十三年度次代を担う子どもの文化芸術体験事業
	12・03	12・26	国立劇場大劇場	元禄忠臣蔵　御浜御殿・大石最後の一日	徳川綱豊【御浜御殿】、大石内蔵助【大石最後の一日】	第二七六回十二月歌舞伎公演、国立劇場開場四十五周年記念
平24 二〇一二	01・02	01・26	新橋演舞場	盲長屋梅加賀鳶	加賀鳶日蔭町松蔵	寿初春大歌舞伎
				連獅子	狂言師右近後に親獅子の精	五世中村富十郎一周忌追善狂言
	02・02	02・26	新橋演舞場	土蜘	番卒太郎	六代目中村勘九郎襲名披露、二月

			御存鈴ヶ森 六代目中村勘九郎襲名披露口上	幡随院長兵衛	大歌舞伎
03・03	03・27	南座	一谷嫩軍記　熊谷陣屋 平家女護島　俊寛 三代目中村又五郎・四代目中村歌昇襲名披露口上 船弁慶	熊谷直実 俊寛 舟長三保太夫	秀山祭三月大歌舞伎、三代目中村又五郎襲名披露・四代目中村歌昇襲名披露
04・05	04・22	金丸座	一本刀土俵入 三代目中村又五郎・四代目中村歌昇襲名披露口上 義経千本桜　川連法眼館	駒形茂兵衛 源義経	第二十八回四国こんぴら歌舞伎大芝居、三代目中村又五郎襲名披露、四代目中村歌昇襲名披露
06・02	06・26	博多座	極付幡随長兵衛 時今也桔梗旗揚 三代目中村又五郎・四代目中村歌昇襲名披露口上 彦山権現誓助剱　毛谷村	幡随院長兵衛 四王天但馬守 杣斧右衛門	三代目中村又五郎襲名披露・四代目中村歌昇襲名披露、六月博多座大歌舞伎
07・03	07・27	大阪松竹座	荒川の佐吉　江戸絵両国八景 義経千本桜　渡海屋・大物浦 三代目中村又五郎・四代目中村歌昇襲名披露口上	相模屋政五郎 銀平実は平知盛	三代目中村又五郎襲名披露・四代目中村歌昇襲名披露、七月大歌舞伎、関西・歌舞伎を愛する会第二十一回／七月一日東日本大震災チャリティー公開舞台稽古
09・01	09・25	新橋演舞場	菅原伝授手習鑑　寺子屋 天衣紛上野初花　河内山 時今也桔梗旗揚	松王丸 河内山宗俊 武智光秀	秀山祭九月大歌舞伎
09・26		国立劇場大劇場	寿式三番叟　弓矢立合	翁	二世藤間勘祖二十三回忌追善、宗家藤間流藤間会
11・06	11・22	地方巡業	第一部：歌舞伎の世界で遊ぼう	〈おはなし（構成・演出・出演）〉	平成二十四年度次代を担う子どもの文化芸術体験事業

	12・02	12・25	国立劇場大劇場	鬼一法眼三略巻	吉岡鬼一法眼【菊畑】、一條大蔵卿【檜垣・奥殿】	第二八二回十二月歌舞伎公演
平25 二〇一三	01・02	01・26	新橋演舞場	傾城反魂香 仮名手本忠臣蔵　七段目	浮世又平 寺岡平右衛門	寿初春大歌舞伎／四世中村雀右衛門一周忌追善狂言
	03・27		歌舞伎座	寿式三番叟	翁	歌舞伎座開場式／午後三時三十分開演
	04・02	04・28	歌舞伎座	一谷嫩軍記　熊谷陣屋 弁天娘女男白浪 近江源氏先陣館　盛綱陣屋	熊谷直実 日本駄右衛門 和田兵衛秀盛	歌舞伎座新開場、柿葺落四月大歌舞伎
	05・03	05・29	歌舞伎座	伽羅先代萩　床下 梶原平三誉石切	荒獅子男之助 梶原平三	歌舞伎座新開場、柿葺落五月大歌舞伎
	06・03	06・29	歌舞伎座	平家女護島　俊寛 土蜘 助六由縁江戸桜	俊寛 源頼光 くわんぺら門兵衛	歌舞伎座新開場、柿葺落六月大歌舞伎 十二世市川團十郎に捧ぐ
	07・01	07・30	地方巡業	番町皿屋敷 三代目中村又五郎・四代目中村歌昇襲名披露口上	青山播磨	平成二十五年公文協中央コース、松竹大歌舞伎、三代目中村又五郎襲名披露、四代目中村歌昇襲名披露
	08・31	09・25	地方巡業	伊賀越道中双六　沼津 三代目中村又五郎・四代目中村歌昇襲名披露口上	呉服屋十兵衛	平成二十五年公文協西コース、松竹大歌舞伎、三代目中村又五郎襲名披露、四代目中村歌昇襲名披露
	10・01	10・25	歌舞伎座	義経千本桜　渡海屋・大物浦	銀平実は平知盛	歌舞伎座新開場柿葺落、芸術祭十月大歌舞伎
	11・01	11・25	歌舞伎座	仮名手本忠臣蔵　四段目・七段目・十一段目	大星由良之助	歌舞伎座新開場柿葺落、吉例顔見世大歌舞伎
	12・03	12・26	国立劇場大劇場	いろは仮名四十七訓　弥作の鎌腹 忠臣蔵形容画合　忠臣蔵七段返し	百姓弥作 大星由良之助	第二八七回十二月歌舞伎公演 河竹黙阿弥没後百二十年
平26	01・02	01・26	歌舞伎座	松浦の太鼓	松浦鎮信	歌舞伎座新開場柿葺落、壽初春大

						歌舞伎
二〇一四	03・02	03・26	歌舞伎座	仮名手本忠臣蔵 九段目 身替座禅 勧進帳	大星由良之助 奥方玉の井 武蔵坊弁慶	歌舞伎座新開場、鳳凰祭三月大歌舞伎、歌舞伎座松竹株式会社経営百年、先人の碑建立一年
	03・27		歌舞伎座	鈴ヶ森錦繍雲駕	雲助土手の十蔵	第三十七回俳優祭
	04・02	04・26	歌舞伎座	一條大蔵譚 檜垣・奥殿	一條大蔵卿	歌舞伎座新開場一周年記念、鳳凰祭四月大歌舞伎、歌舞伎座松竹経営百年、先人の碑建立一年
	06・01	06・25	歌舞伎座	名月八幡祭	縮屋新助	六月大歌舞伎
	06・30	07・31	地方巡業	双蝶々曲輪日記 角力場 三代目中村又五郎・四代目中村歌昇襲名披露口上	濡髪長五郎	平成二十六年度公文協東コース、松竹大歌舞伎、三代目中村又五郎襲名披露、四代目中村歌昇襲名披露
	09・01	09・25	歌舞伎座	隅田川続俤 法界坊 絵本太功記 尼ヶ崎	法界坊、法界坊の霊、野分姫の霊 武智光秀	秀山祭九月大歌舞伎
	09・20			柘榴坂の仇討［映画］	井伊直弼	製作：「柘榴坂の仇討」製作委員会、配給：松竹
	10・28		NHKホール	傾城反魂香	浮世又平	第四十一回NHK古典芸能鑑賞会
	11・01	11・25	歌舞伎座	井伊大老 勧進帳	井伊直弼 源義経	吉例顔見世大歌舞伎、初世松本白鸚三十三回忌追善
	12・03	12・26	国立劇場大劇場	伊賀越道中双六	唐木政右衛門	第二九二回十二月歌舞伎公演
平27 二〇一五	01・02	01・26	歌舞伎座	番町皿屋敷 女暫	青山播磨 舞台番辰次	松竹創業百二十周年、壽初春大歌舞伎
	02・02	02・26	歌舞伎座	一谷嫩軍記 陣門・組打	熊谷直実	松竹創業百二十周年、二月大歌舞伎
	04・02	04・26	歌舞伎座	六歌仙容彩 大伴黒主 成駒家歌舞伎賑 木挽町芝居前	大伴黒主 太夫元播磨屋吉右衛門	松竹創業百二十周年、四代目中村鴈治郎襲名披露、四月大歌舞伎

	06・01	06・25	歌舞伎座	新薄雪物語	刀鍛冶団九郎	松竹創業百二十周年、六月大歌舞伎
	09・02	09・26	歌舞伎座	競伊勢物語	紀有常	松竹創業百二十周年、秀山祭九月大歌舞伎／紀有常生誕一二〇〇年、井上公春初お目見得
	10・03	10・25	日本特殊陶業市民会館ビレッジホール	伽羅先代萩　床下・対決・刃傷 松浦の太鼓 平家女護島　俊寛	仁木弾正 松浦鎮信 俊寛	錦秋名古屋顔見世
	11・03	11・26	国立劇場大劇場	神霊矢口渡	由良兵庫之助信忠	第二九六回十一月歌舞伎公演
平28 二〇一六	01・02	01・26	歌舞伎座	梶原平三誉石切	梶原平三	寿初春大歌舞伎
	02・02	02・26	歌舞伎座	新書太閤記 籠釣瓶花街酔醒	明智光秀 佐野次郎左衛門	二月大歌舞伎
	03・03	03・27	歌舞伎座	鎌倉三代記 五代目中村雀右衛門襲名披露口上	佐々木高綱	五代目中村雀右衛門襲名披露、三月大歌舞伎
	03・30		鶴岡八幡宮境内	延年の舞	(立方)	段葛竣功記念行事、史跡「段葛」整備事業竣功式及び通り初め
	05・02	05・26	歌舞伎座	楼門五三桐 勢獅子音羽花籠	石川五右衛門 鳶頭播磨の吉右衛門	團菊祭五月大歌舞伎 寺嶋和史初お目見得
	09・01	09・25	歌舞伎座	一條大蔵譚　檜垣・奥殿 妹背山婦女庭訓　吉野川	一條大蔵卿 大判事清澄	秀山祭九月大歌舞伎／三代目中村吉之丞襲名披露
	10・02	10・26	歌舞伎座	八代目中村芝翫・四代目中村橋之助・三代目中村福之助・四代目中村歌之助襲名披露口上		八代目中村芝翫襲名披露、四代目中村橋之助・三代目中村福之助・四代目中村歌之助襲名披露、十月大歌舞伎
	11・02	11・26	国立劇場大劇場	一谷嫩軍記　熊谷陣屋 仮名手本忠臣蔵　七段目	源義経 大星由良之助	国立劇場開場五十周年記念、第三〇〇回十一月歌舞伎公演

平29 二〇一七	01・02	01・26	歌舞伎座	伊賀越道中双六　沼津	呉服屋十兵衛	壽初春大歌舞伎
	03・04	03・27	国立劇場大劇場	伊賀越道中双六　藤川新関・岡崎・敵討	唐木政右衛門	国立劇場開場五十周年記念、第三〇三回三月歌舞伎公演
	03・28		歌舞伎座	月光姫恋暫	陰陽博士	日本俳優協会再建設立六十周年記念、第三十八回俳優祭
	04・02	04・26	歌舞伎座	傾城反魂香	浮世又平	四月大歌舞伎
	06・02	06・26	歌舞伎座	御所桜堀川夜討　弁慶上使	武蔵坊弁慶	六月大歌舞伎
	06・30	07・30	地方巡業	妹背山婦女庭訓　御殿 五代目中村雀右衛門襲名披露口上	鱶七実は金輪五郎	平成二十九年度公文協中央コース、松竹大歌舞伎、五代目中村雀右衛門襲名披露
	09・01	09・25	歌舞伎座	極付幡随長兵衛 ひらかな盛衰記　逆櫓	幡随院長兵衛 松右衛門実は樋口兼光	秀山祭九月大歌舞伎
	11・01	11・25	歌舞伎座	奥州安達原　環宮明御殿	安倍貞任	吉例顔見世大歌舞伎
	12・03	12・26	国立劇場大劇場	隅田春妓女容性　御存梅の由兵衛	梅の由兵衛	第三〇六回十二月歌舞伎公演
平30 二〇一八	01・02	01・26	歌舞伎座	二代目松本白鸚・十代目松本幸四郎・八代目市川染五郎襲名披露口上		歌舞伎座百三十年、二代目松本白鸚・十代目松本幸四郎・八代目市川染五郎襲名披露、壽初春大歌舞伎
	02・01	02・25	歌舞伎座	勧進帳 井伊大老	富樫左衛門 井伊直弼	歌舞伎座百三十年、二代目松本白鸚・十代目松本幸四郎・八代目市川染五郎襲名披露、二月大歌舞伎 二月十四日天覧歌舞伎
	04・01	04・25	御園座	壽三代歌舞伎賑　木挽町芝居前 二代目松本白鸚・十代目松本幸四郎襲名披露口上	太夫元播磨屋吉右衛門	柿葺落四月大歌舞伎、二代目松本白鸚・十代目松本幸四郎襲名披露
	06・02	06・26	歌舞伎座	梶原平三誉石切 夏祭浪花鑑	梶原平三 団七九郎兵衛	歌舞伎座百三十年、六月大歌舞伎

	06・29		国立能楽堂	平家物語〈朗読〉	朗読【祇園精舎】、平清盛【入道死去、慈心房、祇園女御】	第二十九回平家物語の夕べ、平清盛生誕九百年
	09・02	09・26	歌舞伎座	天衣紛上野初花　河内山 平家女護島　俊寛	河内山宗俊 俊寛	歌舞伎座百三十年、秀山祭九月大歌舞伎
	11・02	11・26	歌舞伎座	花街模様薊色縫　十六夜清心 楼門五三桐	俳諧師白蓮 石川五右衛門	歌舞伎座百三十年、吉例顔見世大歌舞伎
	12・03	12・26	国立劇場大劇場	増補双級巴　石川五右衛門	石川五右衛門	第三一一回十二月歌舞伎公演／中村吉右衛門宙乗りにてつづら抜け相勤め申し候
平31 令01 二〇一九	01・02	01・26	歌舞伎座	絵本太功記　尼ヶ崎	武智光秀	壽初春大歌舞伎
	02・02	02・26	歌舞伎座	一谷嫩軍記　熊谷陣屋	熊谷直実	二月大歌舞伎
	04・02	04・26	歌舞伎座	御存鈴ヶ森	幡随院長兵衛	四月大歌舞伎
	05・03	05・27	歌舞伎座	絵本牛若丸	鬼一法眼	團菊祭五月大歌舞伎、七代目尾上丑之助初舞台、劇中にて口上相勤め申し候
	06・01	06・25	歌舞伎座	梶原平三誉石切	梶原平三	六月大歌舞伎
	09・01	09・25	歌舞伎座	伊賀越道中双六　沼津	呉服屋十兵衛	秀山祭九月大歌舞伎、三世中村歌六百回忌追善狂言／十六日より十八日まで休演
	11・02	11・25	国立劇場大劇場	菅原伝授手習鑑　寺子屋 孤高勇士嬢景清　日向嶋	松王丸 悪七兵衛景清	尾上丑之助菅秀才と共演 第三一五回十一月歌舞伎公演
	12・06	12・25	新橋演舞場	風の谷のナウシカ	墓の主の声	宮崎駿（原作）より
令02 二〇二〇	01・02	01・26	歌舞伎座	素襖落	太郎冠者	壽初春大歌舞伎
	03・02	03・26	歌舞伎座	新薄雪物語	幸崎伊賀守	三月大歌舞伎／公演中止のため三月二十日に無観客で収録、四月十七日より二十六日無料配信

	08・29	09・01	観世能楽堂	一谷嫩軍記より　須磨浦	熊谷直実	中村吉右衛門配信特別公演／松貫四の名で劇作を担当、収録した映像を配信
	09・01	09・26	歌舞伎座	双蝶々曲輪日記　引窓	濡髪長五郎	九月大歌舞伎、秀山ゆかりの狂言
	11・02	11・25	国立劇場大劇場	平家女護島　清盛館・鬼界ヶ島	平清盛【清盛館】、俊寛【鬼界ヶ島】	第三二〇回十一月歌舞伎公演
令03 二〇二一	01・02	01・27	歌舞伎座	仮名手本忠臣蔵　七段目	大星由良之助	當る令和三年、壽初春大歌舞伎／十七日より二十四日まで休演
	03・04	03・29	歌舞伎座	楼門五三桐	石川五右衛門	三月大歌舞伎／二十九日休演

受賞歴

※賞歴の年は基本的に授賞式の年を採用していますが、「名古屋演劇ペンクラブ年間賞」は、対象年度を採用しました。

一九五五年・第八回毎日演劇賞演技別賞／一九六九年・優秀タレント賞／一九七五年・名古屋演劇ペンクラブ年間賞／一九七七年・第二十八回芸術選奨文部大臣新人賞／一九八四年・第三十九回芸術祭賞優秀賞、第四十一回日本芸術院賞、第三回真山青果賞大賞／一九九一年・第四十六回芸術祭賞、第十二回松尾芸能賞大賞／一九九五年・第十四回真山青果賞大賞／一九九六年・第十九回日本アカデミー賞優秀主演男優賞、第三回読売演劇大賞優秀男優賞／一九九九年・第九回日本映画批評家大賞ゴールデングローリー賞／二〇〇二年・第五十七回芸術祭賞大賞／二〇〇三年・第十回読売演劇大賞選考委員特別賞、第二十一回真山青果賞大賞、名古屋演劇ペンクラブ年間賞／二〇〇七年・第四十八回毎日芸術賞、第六回朝日舞台芸術賞、第十四回読売演劇大賞優秀男優賞／二〇〇八年・第十二回坪内逍遙大賞、第二十八回伝統文化ポーラ賞大賞／二〇〇九年・第十六回読売演劇大賞選考委員特別賞／二〇一五年・第二十二回読売演劇大賞大賞および最優秀作品賞、第三十一回浅草芸能大賞、第三十一回早稲田大学芸術功労者顕彰／二〇一七年・第二十五回橋田賞特別賞／二〇二〇年・第七十一回日本放送協会放送文化賞、以上受賞。二〇〇二年より日本芸術院会員。二〇一一年より重要無形文化財保持者（人間国宝）。二〇一七年より文化功労者。二〇二一年・正四位 旭日重光章（没後追贈）。

あとがき

以前に吉右衛門さんの聞き書きを新聞連載し、『二代目　聞き書き　中村吉右衛門』という本にまとめて毎日新聞社から出版した。その後、加筆して朝日文庫にも入れていただいた。

そんなご縁で吉右衛門夫人の波野知佐さんから、『二代目』以降について書けないか、とご依頼を受けた。ご教示を得て、夫人はもとより、四人のお弟子さん、竹本・太夫の竹本葵太夫さん、京料理の森川裕之さん、娘婿の尾上菊之助さんと孫の丑之助さんという近しい方たちのお話をうかがった。見えてきたのは吉右衛門さんの芸への妥協のなさと厳しさの内に潜む優しさだ。

お弟子さんたちとお話ししていると、吉右衛門さんの「うちの弟子は人柄がいい」という評が思い出された。葵太夫さんは「『俊寛』フランス公演のパリでの慰労会だと思って」と、「お城みたいなフレンチレストランで」ごちそうをされたという。吉右衛門さんの茶目っ気がうかがえる。菊之助さんは新年の自宅で吉右衛門さんが三人の孫の箸袋に「アンパンマン」の絵を描いて喜ばせたというエピソードを語ってくれた。森川さんは時に涙ぐみながらカウンターでの吉右衛門さんのありし日をしのんだ。

舞台人としての吉右衛門さんに迫る手がかりにしたのが、歌舞伎専門誌「演劇界」(二〇二二年三月休刊)などで、ご指名を受けて直にうかがった言葉である。いつも丁寧かつ明晰に語ってくださった。

俳優には、それ以外の職業に就いていることが思い浮かばない人と、他業種でも大成したに違いないと思わせる人がいる。後者である吉右衛門さんが、ご本人いわくの「宿命」に導かれて歌舞伎俳優になられ、舞台に接することができたことを幸せに思う。学生の頃、四十代後半の中堅俳優のお話を数人でうかがう機会があった。「あの人の芸は大変なものだ」とその人が絶賛した俳優こそ、当時三十代の吉右衛門さんであった。その方の本を出すことになったのも、初代の言葉を借りるなら「縁」だろう。縁を結んでくださった知佐夫人と編集者の大場葉子さんに感謝したい。

二〇二二年十月吉日

小玉祥子

年譜作成　財団法人 松竹大谷図書館

参考文献　※順不同

・『松竹百年史 演劇資料』松竹／一九九六年
・『歌舞伎座百年史 資料篇』松竹㈱歌舞伎座／一九九五年
・『東宝70年映画・演劇・テレビ・ビデオ作品リスト 2002年度版』東宝／二〇〇二年
・『日本舞踊年鑑 1975』日本舞踊協会／一九七五年
・『舞踊年表Ⅰ巻』如月青子／朝日新聞社／二〇〇三年
・『舞踊年鑑〈Ⅴ〉 1981 昭和55年の記録』全日本舞踊連合舞踊年鑑委員会 全日本舞踊連合／一九八一年
・『演劇年鑑』日本演劇協会
・「演劇界」演劇出版社
・「幕間」和敬書店
・「東宝」東宝事業部

・「早稲田大学坪内博士記念演劇博物館」早稲田大学坪内博士記念演劇博物館
・「キネマ旬報」キネマ旬報社
・「TVガイド」東京ニュース通信社
・「週刊TV番組」東京ポスト
・「アートシアター」日本アート・シアター・ギルド
・「歌舞伎公式ホームページ 歌舞伎on the web」
・「歌舞伎公式総合サイト 歌舞伎美人」
・「文化デジタルライブラリー」
・「テレビドラマデータベース」
・「映画データベース allcinema」

小玉祥子　こだま・しょうこ
一九六〇年東京都生まれ。青山学院大学経済学部卒。毎日新聞社東京学芸部専門編集委員。八五年に毎日新聞社に入社し、九六年より学芸部で演劇を担当。著書に『芝翫芸模様』（集英社）、『二代目 聞き書き 中村吉右衛門』（朝日文庫）など。聞き書きに『十代目坂東三津五郎』（NHK出版）、『84 八代目中村芝翫』（光文社）。

完本《かんぽん》 中村《なかむら》吉右衛門《きちえもん》
二〇二二年十二月三十日　第一刷発行

著者　小玉祥子
発行者　三宮博信
発行所　朝日新聞出版
〒一〇四-八〇一一　東京都中央区築地五-三-二
電話　〇三-五五四一-八八三二（編集）
〇三-五五四〇-七七九三（販売）
印刷製本　図書印刷株式会社

Published in Japan by Asahi Shimbun Publications Inc.
ISBN978-4-02-251879-8
定価はカバーに表示してあります。